日中七〇年 戦争と反日・友好

戦前・戦中・戦後の体験史

工藤俊一《くどう としいち》
元北京大学文教専家

さくら舎

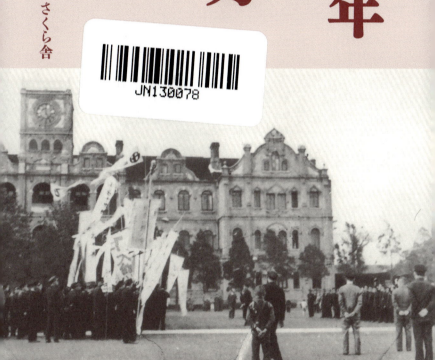

1901年（明治34年）、上海に設立された東亜同文書院大学の新入生歓迎式典。

はじめに

初めて中国と接した思い出の地、上海《シャンハイ》。そこは、私の青春がはじまった地でもある。

なぜ、戦中派の私が中国の若者と親交があり、なぜ私の言動が、愛国心に燃える彼らに受け入れられるのか、ここに日中の難問を解くカギがひそんではいまいか。

私は、そのときどきの情勢に左右されたり、両国指導者層の言行に一喜一憂したりするよりも、中国の明日を担うこれらの若者に注目し、期待したい。

私は、中国大陸と、切っても切れない縁がある。われながら不思議なくらいだが、それがあったからこそ、中国の若者との濃密な親交が生まれたといえよう。この中国との縁、それは七十余年の昔、戦前の上海での生活からはじまった。そして、北京大学の学生に洗いざらい話して感動された、私の戦時中の体験抜きでは語れない。

学生時代、私は一つの事件に見舞われた。上海近郊で抗日テロに襲われ、瀕死《ひんし》の重傷を負った。一九四一年（昭和十六年）十二月五日、太平洋戦争勃発《ぼっぱつ》三日前のことである。しかし、私はどうしても、血まみれになって横たわった中国の大地が忘れられない。

そして、戦後、再び大陸に渡ったことから、中国の若者とのふれあいがはじまった。さらに、一九九五年（平成七年）九月から九八年八月までの二年間、北京大学の教壇に立ったことから、中国の超エリートたちとの、世代を超えた交友「忘年交《ワンネンチャオ》」が最高潮に達した。

全寮制の彼らは、毎日のように、キャンパス内の私の宿舎を訪れた。それは私の帰国後も、絶えることなくつづいている。

情熱あふれる中国の若者と相対していると、往年の日々がよみがえる。中国大陸にあって、歴史の一こま、一こまを垣間見た者の一人として、その証言を残す責任があるのではと思い、これを取り上げる。

それは絢爛たる租界《そかい》・上海の歓楽街であったり、敗戦の日を迎えた中国東北部（旧満州）で目にした日本陸軍部隊・関東軍や満鉄（南満州鉄道株式会社）、そのいずれもが音をたてて崩れ去った最後の日であったりする。満鉄最後の総裁列車も登場する。

さらに北京で展開された中国の若者との熱い物語、まさに孫のような北京大学生とのキャパスでの日々、そして、日本での再会まで。

そこには戦中派として、伝えておかなければならない数々がある。戦中派の私を否定しなかった中国の超エリートたちに話したあれこれが。そして、いまにつづいている彼らとの物語が。いまそれをありのまま語ろう。

二〇一八年七月二十日、一本の電話がかかってきた。北京大学出身の、中国人の教え子からだ。庭の白樺の樹に蟬が一列に並んで、ミーンミーンと鳴いている。暑い午後の昼下がり、北京から一人の青年がやって来た。

彼は毎年夏になると、学会出席の際、わが家を訪ねてくれる。スマホを開いて、北京での同窓会の動静を伝えてくれた。皆が肩を寄せ合って笑っている顔が映っていた。前と同じように、明るくたのしそうだった。また、彼らに私たちの消息を伝えると、すぐに彼らも反応して、メールを送ってくれた。結びつきこそがなによりもうれしいことだった。

不遜のそしりは免れないが、戦中派の私は、この世代、年齢を超えた交友、結びつきこそ、日中関係の難問を解くカギではないかと考えている。そしてそれが、日中の若者の、若者同士のあいだに引き継がれることを祈る。

はるかに世代の離れた私たちのあいだで可能だったことが、同じ世代の日中の若者のあいだでできないはずはない。


なお、文中、流れから、中国の地名・人名などで和式音読み表記と現地音表記の混在があり、また、中国東北部の地名、呼称で、当時のまま使用したものもある。あわせてご了承願いたい。

この文章はすべて第一次資料にもとづいている。本人の足でかせぎ、直接見聞し、肌で感じたもので構成している。

工藤《くどう》 俊一《としいち》

【目次】日中七〇年　戦争と反日・友好

第1章　上海動乱

第2章　関東軍と「満州」

第3章　最後の満鉄とソ連軍

第4章　天安門事件遭遇

第5章　北京大学工藤教室

終章　反日と友好の深層

日中七〇年　戦争と反日・友好

——戦前・戦中・戦後の体験史

第1章

上海動乱

"大陸"中国への第一歩

戦前、上海《シャンハイ》に、西欧列強のアジア侵略に備えて、命がけで中国との提携を目指す人材を育てるためつくられた学校があった。

東亜《とうあ》同文書院《どうぶんしょいん》大学。

私の母校だ。いまはない。

理想に燃えて学んだ日々だった。あのころの情熱が、いま、中国の若者と心を通わせ合う原動力となっていることは間違いない。

デッキから身を乗りだしてみて驚いた。海の色がぎょっとするようなチョコレート色に変わっている。

三日前、私たち東亜同文書院大学新入生一行百六十名を乗せ、一路上海を目指して神戸港を出航した日本郵船の大洋丸は、いつのまにか揚子江《ようすこう》の河口に入っていた。

一九三九年（昭和十四年）四月十九日朝のことだ。

いまは飛行機であっというまに上海に着くが、戦前の当時は、長崎からの上海航路は一昼夜、神戸からは二泊三日、または三泊四日の航程だった。

日本の海や河を見慣れた目には、このチョコレート色の海水は奇異に感じられたが、ここは中

上海に向かう日本郵船の大洋丸

国大陸である。横を通り過ぎた船舶に、日本兵の姿が見える。かと思うと、ユニオンジャックの旗を掲げた英国船が停泊している。ここは戦地であり、また国際都市なのだ。

これが河川か、と対岸が見えない広さに啞然《あぜん》としているうちに、大洋丸は黄浦江《こうほこう》に入り、淮山碼頭《わいざんマトウ》（波止場）に着く。そこで目にした光景に釘づけになる。

「エイホッ、エイホッ」

大きなかけ声をかけながら、碼頭の岸壁から舷側に渡した長い板を踏んで、上半身裸の赤銅色の肌に汗をしたたらせながら荷物を運ぶ苦力《クーリー》の、エネルギッシュな姿に圧倒される。

午後、私たちは中国大陸に第一歩を印した。この日から、私の中国との長い付き合いがはじまる。

二日酔いの沸騰点《ふっとうてん》を超える手荒い歓迎

学校の出迎えの車に分乗して租界《そかい》を通り、フランス租界の延長路、海格路《ハイコオロ》にある大学の瓦屋根、ベンガラ色の壁の中国風校門をくぐったときは、まだ夕刻前の明るさが残っていた。

時計台の前、広い芝生の院子《ユアンズ》（中庭）に、手に手に幟《のぼり》を持った在校生の群れが幅広い歓迎陣をしいていた。

十数メートル離れて新入生が整列。簡単な対面式が終わると、その幟の列がどっとくずれ、喚声をあげながら駆け寄ってきた。熱い思いが伝わってくる。

中に、ひときわ目立つ、異様な学生が目に入った。ざんばら髪の長髪のうえ、顔中ひげだらけ。ひげの中から黒縁の眼鏡がキラリと光っている。すごい学生もいるものだと度胆を抜かれる。

みんな声をからしながら、新入生の名前を呼んでいる。

「おーい、工藤、青森の工藤はいるか」

「はーい」

返事をして、声のするほうを見て驚いた。あのひげ武者だ。同郷の一年先輩だという。うれしいやら、こわいやら。それからの一年間、この先輩にはなにかと世話になり、いろいろと手ほどきを受けた。

一九〇一年（明治三十四年）、上海に設立された東亜同文書院（一九三九年、大学に昇格）は、全寮制で同じ釜の飯をというだけでなく、広い中国大陸で志を同じくするという独特の校風もあって、先輩・後輩のつながりがとても緊密だった。この日からさっそく、手荒い新入生教育にさ

在校生との対面式——つづいて手荒い新入生歓迎へ

らされることになる。

　その夜、寮のベッドでひと休みしていたところ、ひげ武者先輩がやってきた。手には、ブドウ酒色のビンとコップを持っている。

「おい、これを飲め。これはな、一気に飲むんだ。うまいぞ」

　顔に似合わず、声は優しい。言われるままに、コップいっぱいにつがれたそれに口をつけた。なるほど口あたりがいい。中国のブドウ酒かなと思う。ぐっとやる。と、どうだ。とたんに、頭がくらくらっとして、部屋の天井がくるくるまわりだした。思わずベッドに横になる。

　それもそのはず、あとで聞くと、これは「五加皮酒《ウカピーチュー》」。アルコール度数五〇度を超えるという薬用酒。それを一気にあおったのだからたまらない。なにがなんだかわからなくなる。寮のあちこちから新入生の歓声がひときわ高く流れてくる。こうして、感激と興奮の入学第一日目が暮れた。

それから連日、県人会、柔道部の歓迎会などがつづく。そしてまた、上級生のあとについて、寮まわり。だから、教室に出ても、一週間ほどは、二日酔いの頭を抱え、フラフラしながら授業を受ける始末だった。

日本語にない中国語の四声を習得する大特訓

午後の授業がすむと、柔道部に入った私は、柔道衣に着替えるや、一目散に道場に向かう。夏の全国高専大会にそなえ、猛練習に入っている。大会までは、断髪禁止令が出ているので、道場はざんばら髪の異様な風景が展開している。

入学早々、猛烈なアルコールの洗礼に見舞われたが、一日中、酒にひたっていたわけではない。朝夕の厳しい中国語の特訓があった。

なにしろ、中国語は発音がむずかしい。日本語にはない四声というのがある。一声、二声、三声、四声と声調が変わる。そのうえ、有気、無気などの区別がある。それを、二年生が個人教授にあたってくれる。同郷の先輩だったり、部の先輩だったりする。

一年生は朝起きるとすぐ、二年生の先輩を起こしにいく。そこで、マンツーマンで中国語の発音を指導してもらう。一時間から二時間近くかけて。

「アー、アアー、アーア、アッ」

広いキャンパスのあちこちから発声練習が聞こえる。それがすんでやっと朝食にありつける。そして、夕食後、上級生を訪ねては、また同じような光景が繰り広げられる。東亜同文書院伝統の春の風物詩だ。

これが毎日の朝夕の行事で、半年から、ときには一年近くつづく。こうして書院生の中国語の基礎が徹底的に鍛えられる。

この学校は、学生が全寮制のうえ、教師もすべて同じキャンパス内に居住していた。学生は夕食後など、よく教師宅を訪れては教えを受け、またご馳走《ちそう》にあずかるなど、師弟の間はきわめて親しかった。この点は、後年、私が教壇に立った北京大学でも同様で、学生はよく私の宿舎を訪れた。そのつど、自分の学生時代を思い出したものだ。

戦争とは無縁の別世界を呈する上海租界

私が入学した一九三九年、日中戦争は三年目に入っていた。一九三七年七月七日、盧溝橋《ろこうきょう》に端を発した日中戦争は、八月に上海に飛び火し、上海事変となった。

もともと徐家淮虹橋路《ジカウェイホンジャオロ》にあった東亜同文書院の校舎は、このとき戦火に炎上。一時、長崎の仮校舎に退避したあと、翌三八年四月、六〇〇メートルほど先の海格路にあった中国の交通《こうつう》大学の校舎を借用して再開した。私たちはこの校舎に入ったのである。

当時、戦線はすでに南京《ナンキン》を過ぎて武漢三鎮《ぶかんさんちん》に移っていた。しかし、上海近郊はまだ戦火の跡がいたるところに見られた。閘北《ザホク》の「四行倉庫《しこうそうこ》」、大場鎮《だいじょうちん》ともに、激戦のあとがなまなましかった。戦闘にまつわる話をいくつも聞かされた。

ところが、租界の中は別世界だった。アヘン戦争敗戦の結果、誕生した中国近代史の鬼っ子租界は、まことに奇妙な存在だった。中国の国土でありながら、そこでは中国の主権は行使できないのである。

上海の租界は、黄浦江沿いに共同租界、フランス租界があり、共同租界は、ガーデンブリッジがかかる蘇州河《そしゅうが》をはさんで、日本人居住の虹口《ホンキュウ》とイギリス租界に分かれていた。虹口地区は日本軍の制圧下にあったが、イギリス租界とフランス租界は、依然として往年の態様を維持していた。

上海とは、まことに不思議な都会であった。日中戦争の真っ只中だというのに、ガーデンブリッジの中央を一歩南に越えると、そこからは戦争とは無縁の国際都市になるのである。バンド（海岸通り）に沿った共同租界とフランス租界は、日中の戦争そっちのけの繁栄をつづけていた。歓楽街もそのままだった。そのフランス租界の越界路《えっかいろ》に学校があった。そこで私は六年の青春を送った。

戦争が始まって三年。日本国内は戦時色も深まり、学校生活にも戦争の影響が色濃く影を落としていた。しかし、この上海にあった母校の生活は、まことにユニークなものだった。戦時中でありながら、租界という特殊な環境にあって、日本内地ではとても味わえないような

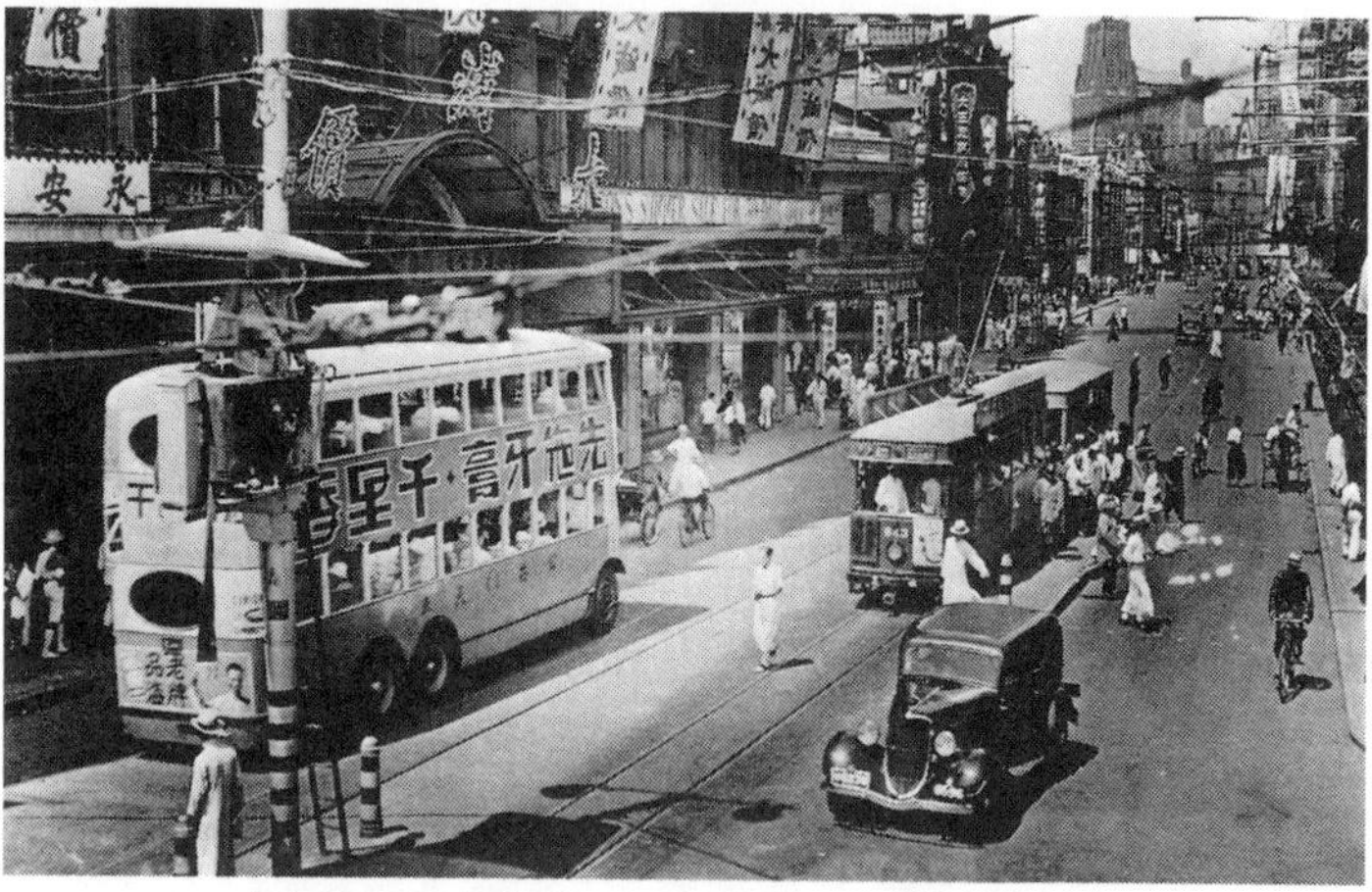

上海租界の南京路――２階バスがゆらゆら走る

自由な生活だった。当時すでに国内では発禁となっていた左翼系の本も、図書館で、自由に閲覧できた。

上海の街を歩く

二日酔いでフラフラしながら授業に出て一週間、初めての休日を迎えた。上級生が上海の街を案内してくれるという。期待に大きく胸をふくらませる。

校門を出てすぐがフランス租界。フランス租界を電車で行く。見るものみな珍しい。フランス租界は落ち着いた雰囲気で、瀟洒《しょうしゃ》な邸宅が目に入る。

それから共同租界のイギリス租界に入る。二階バスがゆらゆらと車体をゆすりながら走っている。やがてバンドに出る。中国語では「外灘《ワイタン》」、上海語では「グアテ」という。高層建築群が威容を誇っている。香港《ホンコン》上海銀行の建物の玄関には、帝国主義のシンボル、こすられて前足をピカピカに光らせた大きな獅子の像が威圧していた。

ガーデンブリッジにかかる、橋のこちらに、スカートをはいたスコットランド兵に、白いターバンをまいたインド兵が立っている。隣の虹口サイドには、日本海軍陸戦隊の水兵が銃を持って立哨している。歩いてガーデンブリッジを渡り、虹口に入る。

フランス租界、イギリス租界から見ると、虹口の日本人街はごたごたした感じだ。上海事変のとき、激戦があった北四川路《きたしせん》を通り、かなり行ったところに内山書店がある。

内山書店は、日本の書籍を求める唯一の窓口として、書院生がよく利用した。私も虹口に出かけたときは、必ずといってよいほど寄った。

魯迅《ろじん》と親交があったことでよく知られている店主の内山完造氏が、にこにこした笑顔で客に接する姿を、店頭でよく見かけたものだ。もっともこのときには、魯迅はもう三年前に死んでいたが。

魅惑のチャイナドレスに彩られた魔都

国際都市・上海は、まことに蠱惑《こわく》的な街だった。

ある晴れた日の午後、やはり先輩につれられて街に繰り出した。二回目の上海探索。この日はおもしろいところに案内してくれるというので、胸がわくわくした。高層建築が並ぶバンドを通り、上海随一の繁華街・南京路に向かう。

行き来するひとがぶっつかるほどの雑踏を縫って、旗袍《チーパオ》(チャイナドレス)姿の姑娘《クーニャン》(娘)を乗せた黄包車《ワンポーツォ》（人力車）が颯爽と駆け抜けていく。

脚を組んだ旗袍の、深く切れ上がったスリットからは、豊満な太ももがのぞく。十七、八歳の若者には刺激が強すぎる。まぶしくて目のやり場がない。

夕闇が迫った街頭に、ネオンがきらめきだした。南京路に入ると、美しい旗袍姿の姑娘の姿があちこちの街角に見えた。すらりと長身の中国女性には、旗袍がよく似合う。

そのそばには、藍色の中国服を着た婦人が付き添っている。さすがは上海、良家の子女にはお付きがついているのだな、と感心しきり。

チャイナドレス姿にも出会う「大世界」周辺

「おい、遅いぞ、なにを見てる」

ちらちら横目を使っていたら、歩くのが遅くなったらしい。先輩から声がかかる。

「はい」

あわてて足を速める。旗袍の姑娘はますます増える。目はもっぱらそちらへ。

「おい、なにしてるんだ」

無情の声が飛ぶ。触れるほど近くにも立っている。自然、足が鈍る。

「どうだ」

「きれいですね」

「あれがわかるか、あれはな……」

そこまで言って、あとは意地悪く口をつぐむ。

「なんですか、あれは」

「当ててみろ」

「わかりません」

「あれはな」

さんざんじらしたあと、ポツリと言う。

「あれはな、野鶏《ヤーチィ》だよ」

「えっ、あれが」

思わず、絶句。野鶏とは街娼のことである。良家の子女だとばかり思っていたのが、娼婦だったとは。いわば街娼が公然と銀座の街頭にあらわれたようなものだ。

「だから、絶対にひっかかるなよ」

ロマンがいっぺんにしぼんでしまった。

この巷《ちまた》の令嬢は、このあとのぞいた永安公司《ユンアンクンス》や四馬路《スマロ》の「大世界《ダスカ》」などの遊興施設にも大勢いた。なんということか。華やかな世界の裏にこんな暗い面が潜んでいたとは。

租界の歓楽街はどこも繁盛していた。映画館も劇場も音楽会も盛況だった。夜ともなると、キャバレー、ダンスホールがいっそう華やかさを増す。噂では、アヘン窟もあるという。魔都といわれる所以《ゆえん》だ。戦場では熾烈《しれつ》な戦闘が行なわれているというのに。

善行を勧める乞食が見せる歓楽都市・上海の裏側

歓楽街というと、こういうこともあった。

上海の生活にも少し慣れたある日、歓楽街の探求に出かけた。目指すは上海有数の娯楽の殿堂「大世界」。あかぬけした感じの永安公司に比べ、こちらはぐっと庶民的だ。用心のため、上級生の案内にたよる。

特徴ある尖塔の建物に入ると、中は叫喚の渦。二階の欄干のついた廊下には、白昼から野鶏がたむろしている。相声《シアンション》（漫才）、評書《ピンシュ》（講談）が声を張りあげている。胡弓のキーキー音が耳に飛び込んでくる。

「瓜子《クアズ》ル」（西瓜やかぼちゃの種を塩煎りにして、中の白い身をお茶請けとして食べる）、種を口に入れたかと思うと、手を使わず、器用に皮をむいて吐き出す。

真似をしてみるが、うまくいかない。客はあちこちのテーブルに座って、お茶を飲みながら楽しんでいる。まさに大衆の憩いの場としての演芸場だ。

たっぷり時間をつかって見学、堪能して外に出ると、すっかり夜のとばりが下りていた。

満ち足りた気分での帰り道、巨大な石造りのひんやりしたビルに沿ってバンドに抜ける裏通り

歓楽都市・上海を代表する「大世界」

を歩いていたときのことだ。

ボロをまとった真っ黒な浮浪者が、道端に座っていた。前に空きかんを置いて、通行人に声をかけている。

「シーサン（先生）ヅヅ、ホレシ」

「旦那、善行を施しなされ」。つまりは物乞いである。「お恵みください」とは言わないで、善行を勧めているのだ。さすがは文字の国、うまいことを言うものだと感心した。

繁華街のはずれでは、よくこのような物乞いを見かけた。

ある日の夕暮れ、南京路散策の帰り道、やはりバンドに抜ける道を通っていたときのことだ。石造りの高層建築の裏の暗い道に、なにやら抑揚をつけたメロディーが流れてきた。

ふと声のするほうに目を向けて、ぎょっとした。薄明かりの中に、上半身裸に近い男がころがっている。よく見ると、手先を包帯で包んでいる。

ズボンから見える足は、骨と皮だけのように細い。そして、道路をゴロンゴロンと転がりながら、抑揚をつけた声をあげている。よく聞きとれなかったが、やはり、「善行を施しなされ」のたぐいなのだろう。身の毛がよだつ思いがした。

いま見てきた南京路の、豪華に着飾り、享楽をほしいままにしている人の群れに比べ、なんという無残な姿か。

少しずつ、歓楽都市・上海の裏表が見えてきた。

上海の記憶と重なる映画『第三の男』

これまで見てきたように、戦前の上海は、まことに奇怪な都市であった。いまの様変わりした近代都市・上海から戦前の姿を想像するのはとてもむずかしい。ただ、それを連想できる格好のものがある。映画『第三の男』だ。

戦後見たこのイギリス映画の舞台は、第二次世界大戦直後の、連合国軍の共同管理下にあったウィーンの街だ。

ジョゼフ・コットン演ずる売れない西部劇作家のアメリカ人、ホリー・マーチンスが、オーソン・ウェルズ演ずる友人ハリー・ライムを捜している。夜の街頭で友人の姿を見かけ、追いかけるホリー。ところが、路上で、友人の姿は忽然《こつぜん》と消える。大きなマンホールの蓋だけが黒々と光っている。なんとも言えないスリル、チターのメロディーがいっそう緊迫感を高める。

このシーンを見ていたとき、突然、まだ行ったこともないウィーンの街に見覚えがあるような気がした。

そうだ、あれだ、戦時中の上海の街だ。石造りの巨大な建物が立ち並ぶバンドの裏通りにそっくりなのだ。

海関《ハイクァン》（税関）、香港上海銀行はじめ巨大建築が林立するバンドを過ぎると、瀟洒で広壮な邸宅が並ぶフランス租界になる。

バンド沿い、ガーデンブリッジからこちらは、欧州の世界だ。この街は、夜のとばりが下りると、一瞬にして別の顔、『第三の男』のウィーンの街に、また歓楽街へと一変する。

繁華街の永安公司、大世界の娯楽場にたむろする売春婦。足を踏み入れたことはなかったが、アヘン窟、魔窟も数多い。絢爛たる夜を演ずるこの街は、中国にとっては、アヘン戦争以来の屈辱の歴史にいろどられた街だった。

近衛文麿の御曹子が身体検査に登場

入学早々のある日、新入生の身体検査があった。身長、体重の計量などだが、なにも知らずに計量室に入ると、そこに体格のいい長身の職員が、学生の体重測定を手伝っていた。

よく見ると、なんと近衛《このえ》文麿《ふみまろ》公の御曹子《おんぞうし》・文隆《ふみたか》氏である。この春から生徒主事として着任していたが、きょうは身体検査にかりだされたらしい。

順番がきて、もじもじしながら体重計に乗ると、長身の近衛さんが体をかがめ、なれない手つきで体重計のはかりを動かしながら計量してくれた。

五摂家の筆頭、近衛家の御曹子、世が世ならばと思うと体が縮む思いだった。

長身でスマートな近衛さんは、気さくな人柄から、学生にはとても人気があった。近衛さんの在任は、この年の二月から六月までと半年に満たない短い期間だったが、数多くのエピソードに恵まれている。

私の手もとに『滬城《こじょう》幾春秋』というタイトルの写真集がある。滬城とは上海のこと。一九三九年入学の東亜同文書院大学一期生の卒業アルバムだ。

その中に、学生二人と写っている近衛さんの写真が掲載されている。文治堂《ぶんじどう》という講堂をバックにしたキャンパスに、ズボンの右ポケットに手を入れたスマートなポーズで立っている。このときのことを、文隆さんの右隣に立つ級友の石丸岩夫さんはこう語る。

「あの日、外出から帰ってきたら、院子（中庭）にいる文隆さんに会った。いっしょに写真を撮らしてくれませんかと言ったら、気軽に応じてくれた」

このときは、入学したばかりの一年生。とくに近衛さんと親しかったわけではなく、まったくの偶然だったという。

もともと伝統的に師弟の間柄には濃密な絆がある学校だったが、それにしても、入学したての新入生とのあいだにこういうことが自然にあったということは、近衛さんの人柄と、その人気のほどがわかろうというものだ。

近衛文隆さんと絶世の美女譚《たん》

上海時代の文隆さんについては、まことしやかなエピソードにこと欠かない。

ただし、在任期間が短かったことや、バレー部の部長だった近衛さんとは、運動部が違っていたこともあって、私自身はなにも知らない。

文隆さんに接触の深かった学生たちの証言から、上海時代の文隆さんの破天荒な御曹子ぶりを再現してみよう。

アメリカ留学時代からスポーツ万能の文隆さんは、東亜同文書院時代は請われてバレー部の部長になっていた。部員だった坂下雅章さんにはこういう思い出があるという。

ある日、バレー部の練習場に姿をあらわした文隆さんが、すばらしい別嬪《べっぴん》をつれてきた。部員は見とれて練習どころでなかったのはいうまでもない。文隆さんを訪ねてきた中国人女性だった。

こうしたおおっぴらな文隆さんの行動に、たちどころに噂が学内に広がったという。

当時、近衛文隆さんは、父君・文麿公の希望もあって、謹厳な大内暢三院長の、院長宿舎の二階を宿舎にあてられていた。図書館横の二階建ての建物だった。

やはり級友の一人、日野茂己さんはこんな思い出を語っている。一年生のときだ。外出許可をもらいに近衛さんのところに出かけた。放課後、軟式野球の練習をすませてからだったので、近衛さんはもう学生課にいない。そこで宿舎にしている院長邸を訪ねた。

学生の出入りは、瀟洒なベンガラ色の壁をもつ正門からだ。門の門衛室には、学生の名札がかけられている。学生は外出のとき、自分の名札を裏返しにして出る。帰ってきたらそれを表に返す。

破格の御曹子・近衛文隆さん（左から2人目）と新入生

門限は平日は午後八時、土、日曜は十時までだ。しかし、虹口などからは一時間近くかかる。家庭教師に出かけたり、外での部会、知人宅訪問で帰るのが遅れそうなときは、あらかじめ、学生課で特別外出許可証をもらう。その許可証に判をついてくれるのが、文隆さんだった。だから、当時の学生は、文隆さんにはずいぶんお世話になったのだ。

門にはいかめしい門衛ががんばっている。門限に遅れたらえらいことになる。へたをすると外出禁止をくらう。これは学生にはこたえる。

院長邸は、一階に広々とした応接室をもつ、りっぱなたたずまいだった。日野さんはそこへ外出許可証をもらいに入っていった。応接室には、二、三人の姑娘と文隆さんがいたが、その中に、目が覚めるような美人がいた。この別嬪さんが、バレー練習場へつれてきた女性と同一人かどうかはわからない。

とにかく、文隆さんが中国人女性に人気があったことは確かなようだ。

先生自ら門限破りのオーバーゲートの勧め

日野さんにはさらに、なんともけっさくな思い出がある。

ある日、東京出身の級友といっしょに、虹口に出かけた。その虹口の街頭で、柔道部の上級生とつれだっていた文隆さんたちと出会った。双方は、やあやあといって合流することになった。それから、上級生の案内で繰り込んだのがカフェーで、すぐ酒になった。お互いに若い者同士。しかも酒豪ぞろい。とくに文隆さんの酒に強いこと。日野さんはびっくりしたという。ウイスキー一本くらい、ケロッとしてあける。

みんな飲むほどに、酔うほどに、すっかりいい気分になって、夜遅くなってしまった。文隆さんといっしょに車で学校まで帰ったが、門限はとっくに過ぎている。教師はともかく、学生はとても正門から入るわけにはいかない。弱ったな、と頭を抱えたそのとき、文隆さんから鶴の一声。

「オーバーゲートせよ」

生徒主事のお墨付きだ。一行はさっそく、気負いこんで行動に移った。学校の塀沿いに裏手にまわる。キャンパスのいちばん奥の角に柔道、剣道の道場がある。その左手に配属将校の宿舎。その横に裏門があった。もちろん閉めきられている。越えるのはむずかしい。

門につづいて、竹であんだ塀があった。二、三メートルとかなり高い。そこを越えることになった。日野さんは竹矢来《やらい》をよじ登りはじめた。柔道部の上級生が尻を持ち上げてくれた。竹矢来をかきわけ、よじ登り、やっと向こう側に飛び降りた。級友もつづいた。こうして、どうにか校内に入ることができた。

学生も学生だが、先生も先生だ。オーバーゲートを勧めたのが、学生を指導監督する立場の生徒主事なのだから。

このいきさつを聞いたとき、私は笑いが止まらなかった。

なんという破天荒な御曹子だろう。天馬空を行くような文隆さんの面目躍如たるものがある。教師どころか、学生気分そのものだ。ともによき青春時代の一こまである。

近衛文隆さんの最期――シベリア抑留と謎の死

また、こういうこともある。一九四二年夏、学部二年になっていた守田忠夫さんは、この学校恒例の大旅行のあと、ハルビンを訪れた。

大旅行とは、卒業前年、六月ごろから三、四ヵ月をかけて中国各地の実情を見聞するため、大々的に行なわれる視察旅行である。三名から五名に分かれて班を組み、中国東北部から内蒙古《うちもうこ》、北京、漢口《かんこう》、南京、広東《カントン》、香港にかけ、さらにビルマ、タイにまでおよんだ。

そのレポートが卒業論文になる。『大旅行誌』として、いまでは、当時の中国各地の実情を語る貴重な調査報告書として、その学術的価値が見なおされている。

守田さんは南京、漢口、徐州《じょしゅう》、太原《たいげん》、大同《だいどう》、張家口《ちょうかこう》、北京、天津《てんしん》を踏破して大旅行を終えた。その後、さらに北上してハルビンにいたった。そのとき、小学校時代の友人から連絡があって、ハルビンの近くの阿城《あじょう》の部隊を訪れた。そこで、近衛文隆さんの消息を耳にした。阿城の重砲兵部隊にいるという。

それからの守田さんは、行動が速い。さっそく単身、重砲兵部隊に文隆さんを訪ね、面会を申し入れたのである。

守田さんは、一年生のとき、生徒主事だった文隆さんのところに特別外出許可証をもらいにいった経緯があって、貴公子然とした文隆さんに親近感を抱いていたという。

守田さんは、面会を申し入れた部隊の将校室で近衛少尉に会った。三年の歳月がたっていたが、上海は近衛さんにとっては忘れられぬ思い出の地。近衛さんもうれしかったに違いない。三十分あまり、学校時代の話に興じたという。

おそらくこれが、書院の同窓が生前の近衛さんに会った最後ではなかろうか。

近衛さんは東亜同文書院を去ってから応召、関東軍将校となった。その後、敗戦とともにシベリア抑留となり、謎の死を遂げている。

二〇〇二年（平成十四年）一月、劇団四季が東京で、シベリアに抑留ののち、非業の死を遂げた近衛さんをテーマにしたミュージカル『異国の丘』を上演した。

劇場で観劇した守田さんは、往年をしのび、ソ連の無法な圧迫、強要にも屈せず、志操を貫いて果てた文隆さんの最後の場面に、たまらず号泣。しばらく、立ち上がることができなかったという。

戦時を実感した蔣介石《しょうかいせき》軍事委員長のバッジ

表面上は平和に見える租界も、戦時色がまったく感じられなかったわけではない。

入学してまもないころのある休日、上海にも少し慣れてきたので、上級生の案内もなく、新入生だけで学校からあまり遠くないフランス租界のフランス公園に遊びにいった。

フランス租界は、共同租界に比べて、瀟洒なたたずまいの邸宅街をなしている。そこにあるフランス公園は、いかにも西欧式公園らしく落ち着いた雰囲気を漂わせていた。公園内には散策する中国人の姿も見られた。上流社会のように身だしなみがいい。

私たちは、寮にいるときは和服に袴とか自由な服装だが、外出のときは、国際都市とあって、制服制帽を着用して身なりには気をつけていた。

ゆっくり公園の景色を楽しみながら歩いていたとき、ふと育ちのよさそうな中国人の少年とすれ違った。中国少年は品のよい静かな感じで、長身だが、中学生らしい。なんとなく好感が持てたので話しかけてみた。

私たち新入生百六十名は、日本を出発する前の一九三九年四月十二日、東京・虎ノ門の霞山《かざん》会館で行なわれた会長招見式に出席した。招見式では、近衛文麿東亜同文会会長の訓示があった。この一月、第一次近衛内閣の首班を辞任したばかりである。

長身白皙《はくせき》、和服姿の近衛会長がこのとき行なった訓示の中で新入生に贈ったはなむけの言葉が、私には強く印象に残っている。

「君たちは一人一人が民間大使の心構えで行きなさい。そして、一人でもよい、真の中国人の友だちをつくりなさい」

この言葉を私は肝に銘じていた。そして、このときもこの言葉がよみがえった。

少年にさっそく話しかけた。といっても、習いたての中国語では、まだ心もとない。ましてむずかしい上海語ではなおさらだ。そこで英語で話し合った。初めての中国人との会話で、気持ちも弾む。なにを話したかは覚えていないが、国際親善を地で行ったようないい気分になる。

しばらく話し合い、別れの挨拶をしようとしたときだ。少年がつつっと体を寄せてきたと思ったら、頬を私の頬にすりよせた。国際儀礼なのかもしれないが、日本人としてはなじみがない。突然のことでちょっとびっくり、思わず顔を引く。

そのとき、少年の詰め襟の上衣の襟元が目に入った。ぎょっとした。私の視線はそこに釘づけになった。なんとそこには、蔣介石の肖像のバッジがついている。日本が戦っている当面の敵、抗日戦争を指揮する中国の最高指導者、蔣介石軍事委員長のバッジをつけていたのだ。

そうだ、ここは戦地だ。それも敵地だ。日本と中国はいま戦争をしているのだ。昂揚した気分がいっぺんに萎え、冷や汗が脇の下を流れ落ちた。それまでの私の甘い考えなど、消し飛んでしまった。

私の学校は、日中の提携を念じ、その懸け橋になる人材の育成を主眼としている。私たちもそのための勉強をしているつもりだった。しかし、そんな甘いものではなかった。私はきびしい現実に引きもどされた。

『生きてゐる兵隊』と中国戦線の現実・真実

これは少しのちのことになるが、ある日、学校近くの小さな古本屋をのぞいた。何冊かひっくり返しているうちに、石川達三という文字が目に入った。手にとってみると、『生きてゐる兵隊』の翻訳本である。ページをくるうちに、身ぶるいしてきた。たしか、日本では発禁のはずだ。

すぐさま購入。急いで寮に帰り、夢中で読む。伏せ字だらけなので読みにくかったが、およその意味はとれた。恐るべき日本軍の残虐行為だ。

あとで調べてみると、一九三八年二月に『中央公論』(三月号)に掲載、発売直後に発禁になっている。私が手にした翻訳本は、その翌年ということになる。私がショックを受けたのは、その内容もさることながら、日本でも入手困難な本を、早々と翻訳して出版していることだった。「戦争の現実をよく見よ」との声。それとともに中国のてごわさがひしひしと感じとられた。

一九三九年当時、日本では、中国戦線は、首都・南京の攻略を終わって、武漢三鎮を落とし、日本軍は連戦連勝と伝えられ、親日政権の樹立によって、戦争目的は順調に達成されつつあるかのような報道がなされていた。

だが、戦地である上海で実際に見、聞いているうちに、どうもそれは違うのではないか、との疑問が生まれてきた。

寮の新聞閲覧室では、『申報《シェンパオ》』など中国の新聞を自由に読むことができた。そこには日本の新聞とは、正反対の記事が載っている。

ある日、閲覧室で中国の新聞を見ていると、「台児荘《たいじそう》大勝一周年を祝う」という見出しが飛び込んできた。デマ記事かなと思ったが急いで目を通す。

一年前の一九三八年四月、山東省の台児荘で、「中国軍は、進攻してきた日本軍磯谷師団（第一〇師団）に頑強に抵抗し、これを包囲、増援の板垣師団（第五師団）を撃退して、日本軍二万余を殲滅《せんめつ》した」とあった。

板垣師団の師団長は、このあと陸相に就任する板垣征四郎中将のこと。そして、第五師団は、日本陸軍の精鋭師団の一つである。誇張があるにしても、その師団に大打撃を与えたという。にわかに信じることはできなかったが、衝撃は大きかった。

こうして中国側の新聞などを見るにつけ、戦争の推移も容易でないことがだんだんつかめてきた。

惨たり！激戦地「四行倉庫《しこうそうこ》」の実状

入学一ヵ月後の一九三九年五月十三日朝、戦跡見学に出発。

一九三七年七月七日、北京郊外盧溝橋に端を発した日中戦争は、ついに上海に飛び火した。八月九日夕、日本海軍特別陸戦隊の大山勇夫中尉と斎藤要蔵一等水兵が、東亜同文書院西方の虹橋《ホンチャオ》飛行場付近を通行中、中国保安隊に射殺されるという事件が発生。これをきっかけに緊張がいっきに高まる。

そして、ついに十三日、戦闘が勃発。上海の攻防をめぐって激戦が展開するにいたった。第二次上海事変である。

一年生一行百六十名は午前八時、校庭に集合、五台のトラックに分乗して校門を出発。初夏の陽光が紺碧《こんぺき》の空からそそぐ中、激戦地呉淞《ウースン》砲台跡に向かう。

ここは中国軍に包囲されて危殆《きたい》に瀕《ひん》した海軍陸戦隊を救うため、八月二十三日、日本陸軍の上海派遣軍の主力第三師団が敵前上陸、陳誠《ちんせい》麾下《きか》の第十五集団軍の頑強な抵抗にあい、激戦を交えたところである。

いちめん緑の大地に、砲台はまだそのまま。巨砲が空しく横たわっていた。

ここに日中双方の、幾多の兵士が血を流したことか。

荒れはてた大場鎮《だいじょうちん》を経由して、午後、閘北《ざほく》最後の激戦地「四行倉庫」に向かう。閘北は、蘇州河を挟んで共同租界に隣接し、最大激戦が行なわれた第二次上海事変の主戦場である。

上海の戦闘は、二ヵ月余の長きにおよんだ。しかし、中国軍の士気は旺盛で、閘北最後の拠点として、蘇州河北岸の四行倉庫に陣地を築き、日本軍に抵抗した。

四行倉庫は、一九三五年建造された鉄筋五階建ての倉庫建築で、金城《きんじょう》、中南《ちゅうなん》、大陸《たいりく》、塩業《えんぎょう》の四銀行が組織した四行儲蓄《ちょちく》会が建設したものである。

一九三七年十月、副団長謝普元《しゃふげん》率いる八五師五二四連隊の決死隊八百名が、蘇州河北岸の四行倉庫に立てこもり、主力の撤退を援護、孤軍奮闘、四昼夜にわたって日本軍の猛攻に耐えたのち、蔣介石じきじきの命令で租界に退いたという。

この決死隊の奮闘ぶりは、現在の中国高校の歴史教科書にも地図入りで記載、讃えられている。

午後二時半、その閘北の激戦地、四行倉庫に到着。見上げるほどの巨大な建物だが、外壁はいたるところが大きくえぐりとられ、崩落している。現地で待っていた海軍特別陸戦隊の中尉が、当時の戦闘状況を説明してくれた。そのあと、三々五々倉庫の中に入る。

分厚い倉庫の壁は、日本軍の砲撃で、何ヵ所も大きく破壊されている。戦闘のすさまじさがひしひしと伝わってくる。えぐられた壁の穴をくぐってさらに奥に進む。むっとした臭気が鼻をつく。倉庫の中は薄暗い。陰々たる気がこもる。だれも一言も発しない。なまなましい血痕が、あたりの壁に飛び散っている。ここにも、あそこにも、そして足元の床にも……。壁には弾痕が歴然と残り、壁と床には焼け焦げた跡が黒ずんでいる。

血痕をまたいで避けながら、次の部屋に進む。そこも同じような情景だ。硝煙にいぶされた高い天井が重くのしかかってくる。

二年近く前の戦闘だったのに、まだそのままの姿で、まるで昨日のことのようだ。身の毛がよだつ思いをしながら、ふらふらになってやっと外に出た。

校門に帰りついたのは午後遅くだった。中国の戦場の跡を身をもって体験した初めての一日だった。この戦いはいつ、終わるのか、と嘆じながら。

四行倉庫跡は、上海の案内図には「八百壮士抗日紀念地」と印《しる》されている。

流行歌事情と『何日君再来《ホオリチュンツアイライ》』の裏の意味⁉

歌はそのときどきの世相を如実に反映する。一九三九年当時、日本各地ではちょっとした上海ブームだったのか、上海にちなんだ流行歌が、かなり流行《はや》っていた。その一つが『上海の花売り娘』。

「紅いランタン　仄《ほの》かにゆれる　宵の上海　花売り娘……」

日本のラジオでもよく流れていた。だが、上海の街頭では、花売り娘などどこにも見あたらない。「なにが上海の花売り娘だ」というのが学生たちの苦情だった。

それよりも、東海林太郎《しょうじ》が歌う『上海の街角で』のほうに人気があった。

「リラの花散る　キャバレーで逢うて　今宵別れる街の角……」

また、「涙ぐんでる上海の　夢の四馬路《スマロ》の街の灯《ひ》……」とディック・ミネが歌う『上海ブルース』も、寮ではよく歌われていた。

頽廃《たいはい》的なにおいすら漂うこうした歌がはやったのも、エキゾチックな街で、ノスタルジアに駆られる若い学生の感傷に訴えたのかもしれない。しのびよる戦争の破局の気配にまだ気づかぬ甘い時代がそこにはあった。

私たちが上海でまっ先に覚えた中国の歌は、『何日君再来』。寮でも歌ったし、柔道部会や宴会のときも、必ずといっていいほどよく歌われた。

「今宵離別後《チンシャオリビエホー》　何日君再来《ホオリチュンツアイライ》」、つまり、「別れたあと、君はいつ戻ってくる」の意味深長な歌詞から、一般には恋歌ととられていたが、ある上級生がこんなことを話していた。

「これはな、蔣介石がいつ帰ってくるか、とひそかに歌っているんだよ」

三年前の一九三六年十二月十二日、抗日統一を迫る張学良《ちょうがくりょう》が西安《せいあん》で蔣介石を監禁するという西安事件が起きた。このあと、中国は国共合作で抗日にあたることになるのだが、そのとき、中国の民衆が蔣介石の無事帰還を願い、そしていまは奥地、重慶《じゅうけい》にいる最高指導者のカムバックを望んで、この歌が歌われたというのである。

広いキャンパスの中に時計台をもつ文治堂（大学講堂）

抗日のため、塗炭《とたん》の苦しみにあえいでいた中国民衆の心情を察するとき、さもありなん、と思ったりもした。

東亜同文書院のスケッチ
——青春が躍動する広い大学キャンパス

東亜同文書院大学の六万坪におよぶ広大なキャンパスの中央に広がる芝生の院子は、学生のこよなき憩いの場所だった。

午後または夕食後、学生は三々五々芝生に座り、あるいは寝転びながら、ライフワークのアジアを語り、日中の現状を憂えては口角泡《こうかくあわ》を飛ばし、時のたつのを忘れたものである。

食堂に隣接して南寮、北寮、それからかなり離れたところに、私が一年生の朝夕を送った赤レンガ三階建ての西寮があった。楕円形の西寮の建物に囲まれた院子の中央に噴水をもつ池があり、そこには

「飲水思源」の碑がある西寮

「飲水思源《インシュイスーユアン》」と刻まれた碑があった。「先人の労苦に感謝せよ」というこの碑は、いかにも学生にふさわしいもので、書院生には忘れられないものの一つである。

大陸で活躍するためとあって、書院ではスポーツに力を入れていた。柔道場、剣道場、弓道場、相撲の土俵のほか、広い運動場では、陸上競技、ラグビー、サッカー、野球、バレー、庭球部員たちが活動していた。

体育館の中のプールでは水泳部が、コートではバスケット部、卓球部が鍛練に余念がなかった。そのほか、乗馬同好会、グライダー同好会と多彩で、まさに青春が躍動していた。

多士《たし》済々《せいせい》の書院の教師陣寸評

数ある中国関係の教科の中で、重要なのはなんといっても中国語。

上海の街に出ると、上海語でないと通じない。しかし、学校で習っているのは北京官話。いまの普通語《プウトンホア》（標準語）に相当する。

いまは普通語が普及しているのでそうでもないが、当時は、北京語と上海語、それに広東語は、まるで通じない異国の言葉のようなもの。青森弁と鹿児島弁の違いどころではない。

教室ではまず北京官話から習い、靳鴻《チンホン》、靳麟《チンリン》兄弟をはじめとする中国人教師たちも生粋の北京語を話し、風格ある長衫《チャンシャン》（単衣《ひとえ》で丈の長い男物の中国服）を身にまとっていた。

学校側が外部から招聘《しょうへい》した講師の数は多く、学界、芸能界、スポーツ界の花形など、バラエティーに富んでいた。これは、一九三九年十二月、大学予科長として着任した本間喜一教授（一九四四年二月、学長就任）の力が大きい。

本間さんは、大学の講義内容充実のため、教授陣の立てなおしに力を入れるとともに、その教育、法曹界での豊富な実績と人脈を生かして、日本内地の各大学から著名学者を招いて集中講義を実施した。

経済原論の手塚寿郎、経済原論と貨幣論の高垣寅次郎、金融論の新庄博、民法学の我妻栄《わがつま》、政治学の今中次麿、財政学の井藤半弥、哲学の高山岩男《こうやま》といった錚々《そうそう》たる教授たちの集中講義が行なわれ、学生からおおいに歓迎された。

中でもとくに印象に残っているのは、民法学の我妻栄教授の講義だ。暑いさかりに一日四時間という猛烈な集中講義だったが、わかりやすい口調で学生を堪能させたあと、最後にこうしめくくった。

「法によって、法の上に出《い》でよ」

民法の泰斗のこの言葉に、私は深い感銘を受けた。

上海の當鋪《タンプー》（質屋）ノウハウ

瑠璃《るり》色の瓦屋根、朱色の壁の正門を出て石の橋を渡ると、広い通りに出る。その海格路（現・華山路）から先がフランス租界である。

通りの向かい側に、いやでも目に飛び込んでくる風景があった。二階建ての建物の壁の上半分いっぱいに書かれた大きな「當《タン》」の字。これは、中国人庶民の生活に欠かせない當鋪、質屋の看板だ。東亜同文書院の学生たちも、よくお世話になった。

生まれて初めての質屋通いだが、なんでも質草になった。時計、万年筆などはいいほうで、衣類は下着まで持ち込んだものだ。質屋通いというといかにも貧乏くさく聞こえるが、質草さえあれば、生活に便利な存在だ。親が知ったら嘆くかもしれないが、学生はむしろ得意だった。

というのは、質草の値段は交渉しだい。ただし、上海語でなければ通じない。そこで、入学早々は上級生についていってもらう。そのうち一人で交渉できるようになれば、一人前。上海語の上達に役立つこと間違いなしだ。

自分の入用のときもあるが、たいていは新入生や下級生にご馳走するときや、急場の外出のときなどに利用した。手軽に金策できるので、書院生にとっては、一度は利用した懐かしい金融機関である。

寮の食堂では清聴タイムが存在

寮の食堂は、中国人ボーイが打ち鳴らすドラが開始の合図。ドラの音とともにドアが開く。学生がどっとなだれこむ。

朝食は始業時間にあわせ、各自がわれ先にと食事。ときには、立ったまま喉に流し込んで教室に急ぐことも。たいていノートと筆記道具をはさんだカバン代わりの座布団を抱えている。履物は草履か下駄。靴は外出のとき以外は履かない。

書院生が皆お世話になった
庶民の金融機関「當」

圧巻は昼食と夕食。午前の授業を終え、すきっ腹をかかえた学生が食堂の前にずらりと並ぶ。やがて待ちかねたドラが鳴る。

食堂の中には六人がけのテーブルが並んでいて、運動部別に席が決まっている。テーブルの真ん中が上級生。下級生は両端にひかえて給仕する。おひついっぱいのご飯を茶碗にてんこ盛り。箸に手がかかるそのとたん、中央真ん前の壇上から声がかかる。

すきっ腹でなだれ込む食堂

「箸をおいてください」

全寮自治委員長の村岡正三氏の訓示がはじまる。寮は、学生の自治で運用されていたので、全寮委員長といえば、教師より権威があった。しかも、かたわらには柔道部の選手監督ら寮委員が肩をいからして立っている。清聴せざるをえない。たいていは寮生の心構えや注意事項だったが、なにしろ唾をのみながらだったので、こたえた覚えがある。

月に何回かはご馳走が出た。楽しみはすき焼きだった。柔道の練習でぺこぺこになったときの夕食にすき焼きが出たときは、みんな大喜び。醤油、砂糖をふんだんに使った料理はうまかった。最後は鍋にご飯を入れて焼き飯にした。これもうまかった。

こういう食事が四月、五月とつづき、毎日たらふく食べては学生生活を満喫していた。

体育館の１階に隠れるようにある軽食レストラン

ツケがきく軽食レストランのあれこれ

食堂は、朝、昼、夕の三食だが、このほかに午後から夜にかけて、体育館の一階で軽食レストランが店開きする。ひとしきり勉強で疲れたところで、つれだって足を運ぶ。

ダベるときはレモンティーで時を過ごす。お腹がすいたとき、ちょっとはりこむときは炒肉片《チャオロウピェン》（肉いため）。

ありがたいことに、このレストランはツケがきいた。「写一《シエイ》写《シエ》」という。学生の身分で、自分のサインが通用するのだ。それがうれしくて、金があってもよくサインした。

食べ終わって、レジのところに行き、粋な片目の東家《トンカー》（マスター）に、「写一写」と告げる。「好《ハオ》好《ハオ》」（ＯＫ）の返事で伝票にサインする。中には、悪ふざけして、「加藤清正」と書く者もいたという。

月一回、東家がツケの回収をする。回収不能が学生課にまわる。そこでこってりと油を絞られ、頭をかきかき、学校前にある當鋪に走ることになる。

天下一品の杏花村《アンホアツン》の排骨《パッコ》面《メン》

部会や県人会で、南京路の一流中華料理店に行くのはべつとして、書院生がいちばん愛した庶民的中華料理店が、学校の真ん前にあった。校門を出て、小さな石橋を渡ると左側にある「杏花村」がそれだ。

ここのおはこが、「排骨面《パイグウミエン》」。上海語では、「パッコメン」といった。豚肉の肉付き肋骨のことで、中華そばの上に、油がこってりのった肉厚のそれがのっている。ふちがこんがりと狐色に焦げかげんの。一口かじったときのそのうまかったこと。その後、数多く食べた中華料理の中でも、これに勝るものはなかった。まさに最高の味だ。

この味が忘れられず、戦後、新宿の上海料理店で、排骨面を注文してみた。しかし、形は似ていても、味は非なるものであった。

とにかく、書院の食生活は楽しかった。

冬にも発揮する蚊帳《かや》の効用

入学以来、上海の魅力にとりつかれて、巷の探索に忙しかったが、もちろん、学生の身分として、毎日、遊びほうけていたわけではない。ひととおりの上海見学がすむと、また勉強に向きなおった。当時の学生はみな、じつによく勉強した。

机の上には、中国関係はもちろん、旧制高校並みの書籍がずらりと並んだ。『三太郎の日記』『善の研究』『風土』『出家とその弟子』『若きウェルテルの悩み』……おなじみの青春ものにかじりついたものだ。

上級生の机の上に必ずといっていいほど目につく本があった。北一輝の『支那《しな》革命外史』だ。私も夏休みで帰省したとき、東京・神田神保町で買い求めて、夢中になって読んだ。

五月に入り、入学早々入っていた予科寮から、運動部別の部屋割りによって搬家《パンチア》（引っ越し）が行なわれた。柔道部は比較的恵まれ赤レンガ三階建ての西寮だった。荷物はふとん袋とトランクぐらいだが、東側の予科寮から西寮まではかなり距離がある。

そこで、学校の外に出て、付近にたむろしている黄包車《ワンポーツオ》（人力車）に声をかけ、覚えたての上海語で値段を交渉、それに荷物を積んで、数回繰り返して搬家を終えた。

私の部屋は一階で、一部屋三人。室長の最上級生と二年生、それに一年生の私。院子に面した南側の部屋に勉強机が三つ。廊下を挟んで寝室があった。寝室には木製ベッドの四隅に棒が立っていて、白い厚手の麻の蚊帳が吊ってある。

蚊帳の第一の効用は、もちろん蚊の防止。猛威をふるう上海の蚊も、この厚い蚊帳は突破できない。出入りするときに蚊が入ることがある。そのときは、蚊帳の中でロウソクをともす。蚊帳にとまっている蚊に火を近づけると、蚊はスッと吸い込まれる。蚊帳の中で火を扱うなんて危険なようだが、この厚手の蚊帳はその作業に耐えられる。

反面、この厚さのために困ることもある。上海の夏は蒸し暑い。いまのようにエアコンがない戦前はたいへんだった。そのうえこの丈夫な蚊帳だ。暑くてとても眠れない。そこで、蚊帳を持って院子に出て、ゴザを敷き、木の枝に蚊帳を吊って一晩過ごしたこともある。この蚊帳は、冬になってもはずさない。そのまま吊っておけば防寒用になるからだ。

そのとき中国の学生は……

われわれが学生生活を謳歌していたころ、同じ世代の中国の学生たちはどうしていただろうか。中国との提携を念じて上海に設立された東亜同文書院である。もと中華《ちゅうか》学生部といって、そこに中国人の学生も入っていた。これは一九二〇年（大正九年）に創設されたもので、予科二年と本科四年制で、予科で日本語、日本史などを学び、本科からは日本人学生と同じ授業を受けた。

毎年、三十五名前後が予科に入学していて、本科生には日本見学旅行も実施されて喜ばれていたが、その道程は困難をきわめた。おりから中国は、愛国反日の五四運動以来、民族主義の高揚期にあり、それが中国学生にもろに影響した。

とくに一九三一年九月勃発の満州事変は決定的な打撃となり、この年から新入生の募集を中止。一九三四年、最後の学生の卒業をもって、十四年の幕を閉じてしまった。私が入学する五年前だ。

だから、私自身は残念ながら中国人学生と机を並べることはできなかった。

それまであった東亜同文書院の校舎が戦火で焼失したため、私たちが入ったのは、中国の上海交通大学の校舎を借用したものだった。われわれはそこで快適な学生生活を送っていたわけだが、では当の交通大学の学生はどうしていたのだろうか。

これは戦後になって知ったことだが、交通大学は一部を残し、大部分が重慶に疎開して、苦難の道を余儀なくされたという。戦争のもたらした結果とはいえ、同校の後継者に会って当時の話を聞いたとき、忸怩《じくじ》たる思いを禁じえなかった。

それは、上海交通大学だけではない。中国の多くの大学が似たような運命にあっていた。中国の最高学府である北京大学、清華《せいか》大学、南開《なんかい》大学の三校は、日本の侵略を避けるため、一九三八年五月、はるか南の雲南《うんなん》省昆明《こんめい》に疎開、国立西南連合《せいなんれんごう》大学として開校している。それは困難に満ちたものだった。

一九九七年二月の春節、私と妻は昆明を訪れ、西南連大の旧址《きゅうし》を訪ねた。そこには、連大の教室が保存されていた。見たところ、横長の民家のような感じの黄色い厚い壁の平屋。屋根はトタンぶきで、床はなく土間だった。

入り口にかけられている「西南連合大学元教室旧跡」という看板がなければ、これが大学の教室とはとても考えられない粗末なものだった。

中国の学生が、このような教室で呻吟《しんぎん》していたころ、私たちは上海で恵まれた学生生活を送っていたのである。なんとも複雑な気持ちでいっぱいで、すぐにはこの旧址を立ち去ることができなかった。

先輩・鬼の増崎の噂の一幕

一九三九年の年末のある日、柔道部にニュースが走った。三十五期の増崎依正先輩が来校するという。

書院柔道部はそのころ黄金時代を築き、夏の西部高専大会では、一九三六、三七年と連覇している。猛者《もさ》ぞろいの中でも増崎先輩は、柔道も強いが直情径行、曲がったことは大嫌いで、「鬼の増崎」と恐れられている先輩だという。

福岡県出身で、私たちとは入れ違いに一九三九年春卒業、天津地区で活躍していた。上級生の語る伝説めいたそのひととなりに興味津々、いまや遅しと待ち受けていた。

夕方になってやっと部員と顔を合わせた増崎先輩は、ロイド眼鏡をかけた、見るからに精悍な面持《おもも》ちだった。夜、上海の盛り場の料理店で、先輩を迎えた柔道部会が行なわれた。

ひとしきり盛り上がったところで、増崎先輩が私たち最下級生の席にやってきた。みんなメートルが上がって、時局を論じて甲論乙駁《こうろんおつばく》。話を拝聴しているうちに、鬼の先入観はどこへやら、とても話のわかる先輩になっていた。あちこちからも、「先輩、先輩」と声がかかる。

「おお、おれを先輩と言ってくれるか、さあ、飲め」

すっかりご機嫌の様子。私には、鬼どころか、頼りになる兄貴分のような気になった。

ところであとで聞いたところでは、寮に戻ったあと噂どおりの一幕があったという。

翌年に卒業をひかえた最上級生はあちこちの会社からひっぱりだこで、年内に就職が決まった者も少なくなかった。中に体格抜群の偉丈夫で、日ごろからスタイル自慢の上級生がいた。すでに大手商社に就職が内定していて、そのことを得意になって増崎先輩に報告したところ、天津地区で日夜苦闘している増崎先輩にはカチンときたらしい。

「きさま、この時局をなんと心得るか。そんな心がけでどうする！」

浮かれ気分の心得違いを、きつくとがめられた。増崎先輩の一喝をくらった就職内定の上級生は、あわてて寮の部屋の窓から庭に飛び出し、一目散に逃げたという。

中国革命の生き証人との邂逅《かいこう》

あれこれ見聞きしているうちに、日本と中国とのかかわりについてもいくらか理解が進むようになってきた。そんなある日、同県人で一つ年上の山田順造さんからお誘いがあった。

「おい、こんどの休日、おれの家に来ないか」

順造さんの父君・山田純三郎氏は弘前出身、兄の良政氏とともに中国革命の父といわれる孫文《そんぶん》の信頼が厚く、終始行動をともにしていた。孫文の臨終に立ち会った唯一の日本人として知られている。いわば中国革命の生き証人というべき大物だ。

中国革命と日本人のかかわりは深い。日本の明治維新に刺激を受けた中国からは、清朝《しんちょう》末期、日本への留学が相次いだ。その留学生のあいだに、革新の機運が高まる。

一九〇五年八月、孫文、黄興《こうこう》らによって、中国の革命組織、中国革命同盟会が東京で成立、これが革命への第一歩となる。

一九一一年十月十日、湖北省《こほくしょう》武昌《ぶしょう》で革命が勃発した。清朝を倒した辛亥革命《しんがいかくめい》である。翌十二年一月、孫文が臨時大総統に就任、中華民国《ちゅうかみんこく》が誕生する。

この中国革命に協力したとして、孫文がとくに名前をあげて感謝していた日本人が、山田兄弟と宮崎滔天《とうてん》兄弟である。

山田良政氏は、中国革命同盟会成立に先立ち、東京で亡命中の孫文に会い、意気投合。翌一九〇〇年十月、広東省恵州《けいしゅう》の武装蜂起に参加したが、失敗。辛亥革命に協力して犠牲となった最初の日本人である。

弟・純三郎氏は兄の遺志を継いで孫文に協力。孫文がもっとも信頼する日本人の側近となって、革命に奔走する。

純三郎氏の子息は三人とも東亜同文書院出身である。誘ってくれた三男の順造さんは寮生活をしていたが、父・純三郎氏は上海の日本人街、虹口に住んでいた。その純三郎氏に会わせてくれるというのである。

中国革命の生き字引、斯界《しかい》の大立者に会えるというので、かなり緊張して出かけた。新入生三人と上級生一人の四人で、山田邸を訪れた。

長身、和服姿の純三郎氏が夫人とともに迎えてくれた。長い眉《まゆ》が特徴的な純三郎氏は、終始ご機嫌で、私たちの相手をしてくれた。中国通の大先輩とあって、体を硬くしてかしこまっていたが、津軽弁まるだしで話しかけられているうちに、いつのまにか最初の緊張がすっかりほぐれてしまった。

そのときふと、夫人のそばに和服姿の若い女性がいるのに気がついた。彼女はなにやら口ずさみながら手を動かしていた。子守歌のような気もするが、なんと言っているのか、意味不明だ。だれもなにも言わない。

最初は少し異様に感じたが、そのうちに純三郎氏の話に引き込まれてしまう。しかし、無心に童女のような仕草を繰り返す彼女がやはり気になる。隣に座っていた上級生がそっと私の耳もとでささやいた。

「革命のとき、負傷されたのだよ」

よくわからないままうなずく。あとで聞いたところによると、この女性が長女の民子さんで、こんな事情があったという。

辛亥革命後、孫文、北洋軍閥の袁世凱《えんせいがい》らが主導権争いをしていた当時、孫文の側近として活躍してきた山田純三郎氏は、国民党の中でも重きをなしていた。当時、フランス租界にあった山田邸は、あたかも革命党の秘密本部の観があり、陳其美《ちんきび》、蔣介石などが出入りしていた。陳其美は、辛亥革命当時、上海都督《ととく》（軍政長官）を務めたほどの人物である。

一九一六年（大正五年）、その陳其美が山田邸で、突然、乱入してきた刺客に射殺されてしまった。駆けつけた純三郎氏も襲われたが、あやうく難をまぬがれた。だが、このとき、二歳の民子さんを抱いたお手伝いさんが巻き添えを食らい、耳を射たれて転倒。抱いていた民子さんを床に落としてしまった。

このときの衝撃で、民子さんは脳の神経に異常をきたし、知能障害をもつ身となった。じつに尊い中国革命の犠牲者である。父・純三郎氏はこれを深く悲しみ、いとおしんでいたという。ご夫妻は、来客があっても、民子さんを来客から遠ざけることはけっしてせず、いつも彼女の自由にさせていたという。

私は純三郎夫妻の、深い悲しみと愛に打たれるとともに、革命家の生きざまを目のあたりにして粛然となった。

南京の糞尿譚《ふんにょうたん》——トイレ事情さまざま

ようやく一学年の期末試験が終わった一九四〇年の春休み、待望の南京・蘇州旅行に出かけた。三月十九日、一年生全員が南京航路の紫丸に乗って上海を出発。沿岸の景色をめでながら長江《ちょうこう》（揚子江）をさかのぼり、翌二十日南京に到着。苦手の試験をすませたあとだけに、みんな心をはずませている。

前年の体験者から、南京では北京語が通用すると聞かされていた。上海では、一歩校門を出れば、北京語はさっぱり通じない。だから、日ごろ日夜苦労して勉強している自分たちの中国語がどの程度通用するのか、みんな腕がむずむずしていた。

南京で泊まったのは鶏鳴寺《けいめいじ》に近い、三階建ての風格ある中国旅館だった。入り口両側の白壁に興皋《こうこう》旅館と大書、玄関の庇《ひさし》の上には、鶏鳴楼と書かれた大きな横長の看板が載っていた。

夕食後、ふとトイレに行きたくなって、二階の厠所《ツオソオ》（便所）をのぞき、びっくりした。石造りの床に二条の溝が走っている。それぞれの溝の側に、足台が二つずつ、幾組か並んでいる。

南京旅行で初体験した中国旅館

一つの足台にズボンを下ろした中国人が溝に尻を向けてしゃがみ、用を足している。さらに、少しずれて向き合うかたちで、べつの一人がしゃがんでいる。これが、初めて見た中国の旅館のトイレだ。私たちにはとてもできはしない。

後年、中国に長く住み、地方を旅行したときや、あるいは北京でもホテル以外の公共厠所《グングンツォソォ》（公衆便所）はみなオープン式で、それに慣れたのはのちのちのこと。このときは初めてのことで、ただただびっくりするばかり。便意もなにも、いつのまにか消えてしまった。

翌朝、早めに朝食をすませて旅館の外に出た。あたりは広い野原で、灌木が一面に茂っている。まだ早い。朝日が昇りはじめたばかりの時刻なのに、草むらのあちこちに人影が見える。多くがしゃがんでいたが、中には立っている者もいた。

てっきり敬虔な農民が日の出を拝んでいるものとばかり思った。どこの国でも、お百姓さんは大地とともにいるんだなと感心した。

しかし、これはとんでもない思い違いだった。立ち上がった一人がズボンをずり上げている。朝の用足しをしていたのだ。私もこれにヒントを得て、旅館のトイレは敬遠し、人目につかない茂みを探して、じっくりと用を足して、やっとすっきりした。

もちろん、これは戦前の話である。いまの中国では、観光地のホテルが整備され、大都市はもちろん、地方の農村でも、いたるところにクローズド式の公衆便所がある。

畑の中ほどに、「厠所」とあれば、それはトイレのことだ。外側の壁には、男、女と大書してある。不慣れな旅行先の都市で、トイレを探すのに苦労する日本に比べれば、中国の公衆便所のほうがよほど便利かもしれない。

ともあれ、南京では、光華門《こうかもん》、雨花台《うかだい》の戦跡や、明《みん》の孝陵《こうりょう》、革命の父・孫文が眠る中山陵《ちゅうざんりょう》などの史蹟をめぐって、それぞれ大きな感銘を受けた。ただ南京旅行というと、真っ先に浮かんでくる思い出は、やはりトイレのことだ。

崇明島《すうめいとう》奇譚――日本の占領政策の一端から

揚子江の河口に、崇明島という島がある。上流から流れてきた土砂が堆積してできた島で、面積七一〇平方キロメートル。いまは人口八十万人。農業、漁業がさかんだ。

一九四〇年の春休み、この島を視察した。目的は、日本の占領政策の実態を知ること。なんとかして、「聖戦」の名のもとに行なわれているこの戦争の実態を知りたかった。というのも上海にきてまる二年、いろいろと疑問が湧いてきて、それをこの目で確かめたかったのである。春休みは絶好のチャンスだ。

ただし、占領地だからといって、都市はべつとしても、農村までは簡単には行けない。そこで、上海特務機関の先輩に相談にいくと、近いところで崇明島はどうか、ということになった。同行者として函館出身と山梨県出身の親しいクラスメート二人を誘い、さっそく決行することになった。

二月のある一日、朝早く上海の碼頭（埠頭）に行くと、打ち合わせどおり、崇明島に出張する職員が案内してくれるという。全員そろったところで、船に乗り込む。小型のポンポン蒸気船に乗客は、私たちのほかに中国人が十数名。わいわいガヤガヤと、例によってにぎやかだ。

船足はあまり速くない。小一時間も揺られて、やっと崇明島に着いた。波止場に迎えにきてくれた上海語の堪能な機関員について、特務機関の事務所に入る。

職員は多くない。上海から出張した職員は平服だったが、現地の機関員は腰に拳銃を帯びていた。ほかに銃を持った中国人の護衛と運転手がいた。そこで、現地の状況の説明を受けた。

一年くらい前までは、匪賊《ひぞく》（当時、正規軍以外の抗日勢力をこう言っていた）の討伐が行なわれたが、いまは治安も安定していて、住民との接触もうまくいっているとのことだった。日本の部隊は近くにはいないようだ。これだけの人数で治安を維持していくのはたいへんだろうと思った。

当日は事務所に隣接した宿舎で泊まることになった。夕食後、久しぶりにメンバーがそろったというので、麻雀《マージャン》がはじまった。私はもっぱら観戦役だった。

夜もかなりふけたころになって、外から声がかかった。地元の機関員がはっとしたように立ち上がり、椅子を蹴って飛び出した。なにか異常事かと、一瞬緊張が走る。

しかし、なんのことはなかった。中国兵の守衛が夕方まで警備にあたっているのだが、「帰ってよろしい」と言うまでは番をしている。ところが、この日、私たち来客の応対でうっかりし、時間がきても帰宅許可を出すのを忘れていたというのだ。

守衛がこれほど忠実に任務をはたしているくらいだから、うまくいっているのだなと思った。

翌朝、島の中を案内してくれるという。運転手は屈強な体格の中国人、助手席には案内役として現地の特務機関員が座り、私たち学生三人はトラックの荷台である。

島はかなり広い。トラックはひたすら走って、島の先端部に向かった。途中、あまり民家は見あたらない。かなり走ったころ、トラックが大きな家の前でとまった。機関員の説明では、ここは帰順した匪賊の大物の家で、討伐にはずいぶん苦労したという。

そう聞かされて、いくらか緊張する。出迎えてくれたのは「大物」と妻。機関員とは顔見知りで親しい仲のようだった。

通されたのは彼らの寝室だった。そのころはまだ中国の習慣に慣れていなかったので、いきなり寝室に案内されたのにはびっくりした。その後、中国人は親しみをあらわすため、お客を寝室に案内するのだとわかった。

日本の家屋のように押し入れがないので、布団はベッドの上にきちんとたたみ、客はベッドに腰をかける。歓迎の昼食となった。豪華なものではないが、当時としては精いっぱいのもてなしだったろう。

そして主人がやおら取り出したのは、なんと菊正宗の一升瓶。彼らにとっては、とっておきのものだったに違いない。お世辞抜きで、日本の銘酒はおいしかった。和気あいあいのうちに宴は盛り上がった。

午後もかなりまわったころ、すっかりいい気分で、元抗日匪賊の首領宅を辞した。

トラックで帰途につき、しばらく走ったところで、異変が起こった。すっかり酩酊した特務機関員氏が大声でわめきはじめ、運転していた中国人運転手に毒づきだしたのだ。

「いまは澄ましているけどさ、こいつだって匪賊だったんだ。さんざん手こずらせやがって」

これはまずいことになったと思った。そろそろ日は暮れかけている。機関員はますますエキサイトして大声で毒舌を浴びせる。広い島の中で道を知っているのは中国人の運転手だけだ。

友人と相談して、荷台から運転手に合図して車を止めさせる。わめいている機関員を介抱するふりをして、荷台に引き上げた。それから、友人が機関員の拳銃を吊ったベルトをはずして、自分の腰に締めて、トラックを再発進させた。もう一人の友人は、まだあばれている機関員の介抱にあたり、私は荷台から道の前方を監視した。

あたりはどんどん暗くなる。運転手が心変わりでもしたら一大事だ。そんなことのないようにと祈りながら、帰路を急いだ。闇の中、ヘッドライトに浮かぶ事務所の建物を目にしたときは、さすがにほっとした。へべれけになりながら、まだおだをあげている機関員氏を、やっとのことで荷台から下ろした。

翌日、崇明島をあとにしたが、朝になると、酒乱の機関員氏はケロリとしていた。まるで、昨日のことなど、なにもなかったかのように。

教室では得られない、日本の占領政策の実態の一部に触れた貴重な現地調査だったが、それにしても、占領政策のむずかしさを物語る出来事といえよう。

テロと上海——時とともに進む暗闘と混乱

租界は治外法権のため、戦時中にもかかわらず、別世界の平穏を保ち、繁栄を謳歌していた。しかし、租界を一歩離れると、状況は一変する。

フランス租界に隣接する、中国式庭園で有名な、予園《よえん》を含む南市一帯のいわゆる城内は、危険だから学生は近よらないようにときつく言われていた。上海の南西郊外、龍華《ロンホア》も同様だった。ここは上海最古の名刹《めいさつ》、三国時代の西暦二四二年、呉《ご》の孫権《そんけん》の母親によって創建されたと伝えられる龍華寺《りゅうかじ》や七層八角の美しい龍華塔があり、桃の名所としても知られていた。書院生の絶好の散策地であったが、私たちの在校当時は、やはり要注意地だった。

日本人の居住地の虹口は、私が入学した一九三九年当時はそれほどではなかったが、戦局が進むにつれてテロの標的になり、路上で日本兵が襲われたなどのニュースを聞くようになった。日ましに危険の度合いが強くなる。虹口には東和劇場、虹口シネマ、リッツ劇場などの映画館があり、私もときに足を運んだ。

映写中のスクリーンに、「椅子の下に爆発物が仕掛けられていないか確かめるように」などといった字幕が出る。ときには、映写中に突然、明かりがつく。すると、観客はいっせいに立ち上がって、椅子をはね上げ、下を確かめる。なにごともなければ、また暗くなって、映写がつづく。映画観賞も楽ではない。

テロはなにも日本人だけが標的ではない。一九四〇年、日本に呼応した汪兆銘《おうちょうめい》が南京に、新「国民政府《こくみんせいふ》」を樹立するや、上海では、重慶の国民党政権から放たれたテロリストによる中国人要人の暗殺が相次いだ。

そして、これに対抗する汪兆銘派特務組織・ジェスフィールド76号との暗闘が繰り広げられるなど、血なまぐさい話題が飛び交うようになった。また一九四一年六月には、共同租界の行政組織、工部局《こうぶきょく》の日本人トップ、赤木親之警察特別警視副総監が、重慶側のテロにたおれるという事件があった。

このように物騒な一面がある上海であったが、書院の学生たちは、それをいっこう意に介さなかった。

柔道部の満州遠征——中国東北部をめぐる

一九四一年、上海に渡って三回目の夏休みを迎えた。

柔道部は毎夏、内地遠征を行なっていた。皮切りは九州遠征で、福岡で行なわれる西部高専柔道大会に参加。ここで優勝すると、京都の全国大会に駒を進めることができた。しかし、戦局苛烈のため、大会を継続することができず、高専大会は一九四〇年をもって幕を閉じることになった。

そこで、一九四一年には、福岡遠征に代わって「満州《まんしゅう》」遠征が行なわれることになり、私も参加した。

六月末、初めて大連《たいれん》の地を踏んだ。戦地と遠く離れた満州は、上海や中支とは違った様相で、のんびりした空気が感じられた。戦時中とあって、婦人たちはみなモンペをはいていたが、美しい色彩が目にまぶしかった。

大連、奉天《ほうてん》（現・瀋陽《しんよう》）、撫順《ぶじゅん》と試合を進め、「新京《しんきょう》」（現・長春《ちょうしゅん》）で解散となった。

試合中は各地の街をゆっくり見物することができなかったが、瞥見《べっけん》した奉天、新京はともに田舎じみた印象が否めなかった。

遠征軍の解散とともに、それまでの厳しい団体行動から解放されて、やっと羽を伸ばすことができた。学部一年になっていた私は、一年下の熊本出身の予科二年生といっしょにさらに北上、ハルビンへと向かった。

夏とはいえ、北上するにつれて、いくぶん涼しさが増す。次々と変わる車窓からの風景に目を奪われているうちに、午後になって、ハルビン駅に到着。帝政ロシア時代のあとを色濃く残すハルビンの街は、上海とはまた違ったエキゾチックな味わいをもっていた。

書院生独自の中国旅行の虎の巻

中国旅行中の書院生にとって欠かせないのは、同窓会名簿である。これさえあれば、中国旅行もこわいものなし。いたるところにいる先輩が目当てで、これこそ後輩学生の特権だった。

訪ねるときは、まず同じ運動部や同郷の先輩を探す。いなければ、どの部、どの県の出身でもかまわなかった。

ひととおりハルビンの街を歩きまわったあと、この夜の宿を探すため、やおら虎の巻の同窓会名簿を取り出す。おもな都市には同窓会の支部があって、ABC順と支部別に名前が載っている。

いま私の手元に、一九四〇年の同窓会名簿が残っている。茶色に褪色《たいしょく》した名簿をくっていくと、当時の旅の足跡があざやかによみがえってくる。ハルビン支部のページを見ると、当日お世話になった、長崎出身の六期の先輩の名前の上にチェックが入っている。ちなみに私は三十九期だったから、大先輩である。

この先輩は、繁華街の地段街《じだんがい》で書店を経営していた。地の利がよかったので訪ねてみたところ、こころよく泊めていただいた。上海の近況、学校のことなど、話題は尽きなかった。

翌日、先輩にお礼を言って辞去し、足を延ばして、松花江《しょうかこう》畔に遊ぶ。河の中央にある太陽島《たいようとう》では、若者が水浴するのどかな風景が見られた。まだ去りがたく、ハルビンにもう一日いることにして、また虎の巻をくる。

福島県出身で三十一期、満州中央銀行ハルビン支店に勤務する先輩の名前が目にとまった。電話すると、喜んで迎えてくれるという。さっそく支店に隣接した宿舎を訪ねる。こちらはまだ若手の先輩だ。

この日は、勤務を終えた先輩の案内で、ハルビンの街に繰り出してご馳走になった。まだ独身の先輩は、銀行マンとはいえ、そこは書院出身。アルコールにはめっぽう強い。私たちも柔道遠征から解放された気楽さもあって、飲むほどに、すっかり意気投合。三人ともにいい気分になってはしごを重ね、夜のハルビン街頭を肩を組みながら、学生気分で高唱乱舞《こうしょうらんぶ》。

翌朝、目が覚めてあたりを見まわしたところ、先輩の姿が見えない。昨夜遅く、三人で雑魚寝《ざこね》をしたはずなのに。あわてて顔を洗い、隣の支店事務室をのぞくと、先輩は机に向かって、なにごともなかったように勤務していた。恐縮してお礼を繰り返すばかり。用意してくれた朝食を大急ぎですませ、そそくさと辞去した。

関東軍特別演習にとばっちり遭遇

さてこれからどうしようかというので、とりあえずハルビン駅に向かった。ところが、駅に着くと、なにやら異様な気配。駅のスピーカーが大声でがなりたてている。

「旅行者のみなさん、至急、引き揚げてください」

理由も言わず、これればかり繰り返している。改札口に大勢の旅行者が詰めかけていたが、駅周辺の雰囲気も異常だ。列車がストップしたら厄介だ。

楽しいはずの満州旅行も、出ばなをくじかれたかっこうだったが、結局、なにが起きたのかのみこめないまま引き揚げることにした。ハルビンから南下、新京経由、朝鮮にぬけて、清津《せいしん》から連絡船に乗り、敦賀に上陸。一路、故郷の青森へと、帰省の途についた。

あとでわかったことだが、関東軍特別演習（略称・関特演）のとばっちりだった。

一九四一年六月二十二日、欧州で独ソ戦が勃発している。関東軍は、特別大演習の名目で、北満に兵力を集中し、対ソ戦にそなえて態勢の整備を図ったものといわれる。

私たちにはとんだとばっちりだったが、これもまた歴史の一こまだったのかもしれない。

故郷にも戦時色が漂ってきた！

故郷青森は、前年までとは様変わり、戦時色に包まれていた。東京の無線専門学校に学んでいた二つ年上の兄は、青森の通信部隊に入隊していた。会いにいこうと思ったが、面会もままならないという。

数日後、小学生の妹をつれて市内を歩いていると、後方から兵隊の一団が行進してきた。ふと見ると、四列縦隊で行進してくる隊列の右側に、兄の姿を認めた。声をかけようとしたが、なにかはばかられるような雰囲気に、妹の手を強く握って立ちすくんだ。するとこちらに気づいたらしく兄のほうも、ちらっと片手をあげた。しかし、そのまま無言で通りすぎていった。ザクッザクッという軍靴の音がいつまでも耳に残った。

父の話では、すべてが軍機、つまり秘密扱いらしく、面会はたいへんで、兵営の柵の外で散歩にでも出てくるのをじっと待つしかないという。

国のために命を捧げようという兵士に、親族の面会もままならないというのでは、士気にも影響するのではと気になった。

夏休みも終わりかけたころ、兄から、ひとづてにひそかに連絡があった。青森駅前の民家に分宿しているという。その夜、父とともに出かけ、尋ね尋ねて、やっと宿泊しているらしい民家を捜しあてた。

しかし、すべての窓がカーテンで覆われている。その家の主人にいくら尋ねても、口を閉ざして何も話してくれない。軍から口外を禁じられていたのだろう。

そのとき、玄関先でのやりとりを聞きつけたらしく、軍服姿の兄が姿を見せた。元気な様子にまずはひと安心。しかし、長話をすることもできず、無事を祈って、そそくさと別れた。

兄はそのあとすぐ、軍用列車と船で満州へ送られた。かろうじて、牡丹江《ぼたんこう》のあたりにいるらしいというまではつかめたが、手紙はマル秘、マル秘で、親兄弟にもよくわからない。

まさに、日本国中、異様な状態に突入しつつあるころだった。

第2章

関東軍と「満州」

江南《こうなん》の地に倒れ大地を朱に染めた日

見上げた江南の空は青かった。なにごともなかったかのように。

さっきまでのことは、すべて夢ではなかったのか。夢であってほしいと願う。子どものころ、こわい夢を見て、うなされたことがある。だが、目が覚めて、ほっとした。そのようであってほしい、と願う。

しかし、夢ではない。はっとわれに返る。血まみれになった私は、中国・江南の大地を朱に染めて横たわっていた。

一九四一年（昭和十六年）十二月初め、私たち東亜同文書院大学の学生五名と教師一人の六名は、上海《シャンハイ》近郊の調査旅行に出かけた。その帰り道、拳銃を持った中国人のテロに見舞われ、学生一名が死亡、私は瀕死《ひんし》の重傷を負った。十二月五日、太平洋戦争勃発《ぼっぱつ》三日前のことである。

当時日中戦争は五年目に入り、戦線は奥地に延びて、泥沼化していた。南京《ナンキン》を首都とした蔣介《しょうかい》石《せき》政権は、南京失陥後、重慶《じゅうけい》に移り、徹底抗戦をつづけていた。

日本の呼びかけに応じた国民党副総裁・汪兆銘《おうちょうめい》は、一九三八年十二月、重慶を脱出。一九四〇年三月、南京に政権を樹立した。しかし、この政権はなかなか中国民衆の支持を得られない。

政権の基盤強化を図るため、一九四一年七月から、蘇州《そしゅう》周辺の常熟《じょうじゅく》、太倉《たいそう》、呉《ご》、崑山《こんざん》一帯の地区に、「清郷工作《せいごうこうさく》」を実施した。

竹矢来をめぐらし、鉄のカーテンならぬ竹のカーテンによって、治安維持と経済建設を促進、和平模範地区を建設しようと図る。そこで、この清郷工作が、汪政権の命運を占うものとして注目された。

鳴り物入りで宣伝されているが、はたしてその成果はどうか、その実態を知りたいとして出かけたのが、私たちの調査旅行の目的だった。

新来の「おもしろい先生」が醸した市外調査

「こんど、おもしろい先生がきたぞ」

学部一年になった一九四一年の春、上級生に誘われて、新来の教師宅を訪れた。陣内豊吉講師といった。学生は全寮制、教師宅はキャンパス内にあったことから、学生はよく教師宅を訪れた。

そこは、異郷に学び、家庭の雰囲気に飢えた若者にとって、教室では味わえないやすらぎの場であり、個人的な疑問や悩みを訴える格好の場でもあった。また、アジアのため、中国との結びつきを強めようと志すこの学校の学生は、上下の団結が固く、また師弟の間柄も濃密であった。それがこの学校の特色でもあった。

戦局は膠着《こうちゃく》状態に陥り、ニッチもサッチもいかない。とても机の上での学問では、理解しがたいことばかりである。オーソドックスな学問に、多くの学生は飽き足らなくなっていた。戦場から離れているとはいえ、戦地にあることには変わりなく、見通しのつかないいらだちに学生は悩んでいた。

そこで、悩みを抱えた学生は、新しい道を模索しては、よく教師宅を訪れた。このときも例外ではなかった。ある意味では、言葉は悪いが、新任教師の品定めでもあった。

新任の陣内さんは、若く、覇気が感じられた。それまでの母校出身の教師や老練な落ち着いた教授たちとはひと味違う、野性味というか、新鮮味があった。

話が佳境に入ったとき、陣内さんが眉《まゆ》をあげて言い放った。

「あの滝川事件を知ってるだろう。あのとき、滝川擁護の学生運動が起きたが、その議長をつとめたのはな、なにを隠そう、このおれだ」

一九三三年、京都大学で左翼思想を批判されて、文部省から追放されかかった法学部教授滝川幸辰《ゆきとき》を支持して抵抗運動が起こった。その学生運動のリーダーだったというのだ。

若者は新しがり屋だ。閉塞感に嫌気がさしていた私は、興味をひかれた。陣内さんはつづけてこう言う。

「日本の改革のためには、現実を見つめていろいろ勉強しなくてはいけない。おれがいま見たいのは、北一輝の『改造法案』だ。あれはどうしても手に入らん」

「先生、それなら、おやすいことですよ」

翌日、私は友人から『日本改造法案大綱』を筆写したのを借りてきて、陣内さんに渡した。彼は大喜びだった。この教師の行動範囲は案外広いようだ。

戦時中とはいえ、この学校は内地と違って、万事がおおらかだった。すでに内地で発禁だった左翼関係の書籍も、東亜同文書院の図書館では読むことができた。北一輝の『日本改造法案大綱』はなかったと思うが、学生のあいだでは筆写したものがひそかに読まれていた。

行動派教師の出現で、陣内さん宅に集まる学生の輪が広がった。毎夜の会合で、戦況についても活発な意見が交換された。いったい、いまの日本の占領政策はうまくいっているのかどうか、一度、現地調査に出かけたら、ということになった。

当時、中国大陸では、点と線とを維持するにすぎない日本の占領政策は行き詰まり、治安状況は日に日に悪化していた。上海の日本人の居住区である虹口でも、軍人や日本人をねらったテロが増えていた。

だから、学校から市外に出かけるには、日帰り以外の、宿泊旅行は禁止。外出も細心の注意が必要とされていた。

しかし、学生たちは、テロのねらいは軍人で、日中提携をめざす書院の学生は例外だ、と決め込み、租界の中を闊歩《かっぽ》していた。事実、それまでも書院生がねらわれたり、襲われたりしたことはなかった。学生はみな、中国に親しみをもつ書院生はねらわれないというジンクスを伝統的にもっていた。

あるいは、租界という摩訶《まか》不思議な場所に居住しているための錯覚でもあったのだろうか。とにかく、これが甘えにすぎなかったことを、身をもって知ることになるのだが。

ともあれ、そのような状況だったので、われわれの調査旅行は、日帰り旅行として学生課に申請。興亜院や派遣軍参謀部とも接触のあった陣内講師のリードで、調査旅行に出かけることが決まった。

太倉《たいそう》への視察旅行に出発

十二月四日早朝、陣内講師と学生五名の計六名は、華中《かちゅう》鉄道の長距離バスに乗って、上海西方の太倉を目指して出発した。

肥沃な江南一帯は、重慶政府系、共産系の新四軍《しんしぐん》の遊撃隊と南京政府系の勢力が激しく争奪を繰り返していた地区で、中でも上海に隣接している太倉は、嘉定《かてい》、葛隆鎮《ころんちん》、太倉、崑山を経て蘇州に至る幹線上の要地である。

江南は水の都である。クリーク（小運河）が網の目のように走っているので、思いがけないところから帆かけ船があらわれたりする。ときには、畑の中を民船がゆっくり通っているような錯覚に襲われる。そんなのどかな田園風景をたどって太倉に着いた。

太倉では、現地の関係機関から、清郷工作の現状について、いろいろと説明を受けた。ここには日本軍の部隊が駐屯しているため、治安は保たれているという。

冬の日は暮れやすい。到着したときにはすでに午後になっていて、ひととおり日程を消化したころには、夕刻になっていた。学生課からもらった外出許可は日帰りだったが、これではとても上海には帰れない。夜間の通行はむしろ危険で、バスもない。そこで、陣内講師が学校に電話連絡を入れ、現地の機関に宿泊場所を斡旋してもらって、一泊することになった。

翌日も晴天。朝食後、市内を案内してもらう。民間人が経営している診療所を訪ねる。診療所の所長は日本人の中年の婦人。中国人民衆の医療にたずさわっている。こぢんまりとした規模だが、清潔な感じの診療所だった。女性の身で、しかも戦地でよくやるものだと感心する。

若い中国人の看護婦が二人いて、われわれ学生を歓迎、こまめに診療所の中を案内してくれた。診療所は、

太倉の清郷工作調査時の記念写真——このあと帰校の途中、テロに襲われて重傷を負った（後列右２人目の宮川君は死亡、前列右の陣内講師と中列中央の私〔工藤〕が重軽傷）

医療面だけでなく、地域の安定にも役立っているという。そのほか、かけ足の見学だったが、この地区の清郷工作はわりあいうまくいっているような印象を受けた。

昼食をとったあと、長距離バスで帰路に着く。バスが発《た》つとき、診療所の中国人看護婦二人が駆けつけて、大きく手を振りながら見送ってくれた。バスには、中国人乗客の姿もかなりあった。

十二月とはいえ、小春日和の江南の陽気にさそわれ、調査目的もほぼ達成したこともあって、みんなはバスの中でいい気分になり、ワイワイ言いあっていた。道路の両側には広大な畑が横たわっていた。そのうち、大きな川があって、橋を渡ったところまでは覚えていたが、睡魔に襲われて、いつのまにかうとうととしてしまった。

便衣《べんい》テロに銃撃される!

突然、「ピューン」という音で目が覚めた。銃声だ。銃声はつづく。バスの右側からだ。襲撃だ。テロか、強盗か。

テロだと、拉致されたら困る——。当時、耳にしていた苛酷な拷問の話が頭をかすめる。

バスが急停車した。銃声はまだ聞こえる。流れ弾に当たったらたいへんだ。床に伏せようとした。が、座席の床は狭くて伏せられない。そこで、急いでバスの後方にさがり、通路に身を伏せた。なにも音が聞こえなくなった。それからの時間の長かったこと。いったい、どんな様子かと、前を見ようとそっと首をあげる。

いけない。見つかった。バスの入り口でじっとこちらをのぞいている中国人と目があった。若い便衣（私服ゲリラ）だ。手には拳銃を構えている。構えたまま、じりじりと寄ってくる。とっさに立ち上がって両手をあげた。

「別打《ビエダー》！」（撃つな！）

右手に拳銃を構えた若者は、黙って近寄ってくる。ピカピカ光った銃口の、なんと大きく見えたことか。心臓が凍りつく。息をつめたまま、相手を見守る。若者はそばに寄ると、つと左手を伸ばし、私が左手首にはめた時計を指差す。

ああ、土匪《トーフェイ》（武装盗賊）だ。土匪なら話し合う余地がある。時計をはずして渡しながら、そう思う。

若者は、拳銃を構えたまま私の手をつかみ、あとずさりしながら、ついてくるようにうながす。ソロソロとすり足で入り口まで進む。ドアのところに立って、ステップに足をかけようとして、外を見た。道路より一段低くなっている畑に、陣内講師が倒れている。片腕を抱え、バスのほうを見上げた姿勢で。

「あっ、陣内さんがやられた」

そのとき、顔の右側に気配を感じた。打たれたような、強烈な衝撃にしびれた。つぎの瞬間、私はバスから転がり落ち、路上に転がった。

私を誘い出した便衣の若者がバスから降りたとたん、ドアのところで待ち構えていた別のゲリラが、私の顔をめがけて発射したのだ。その銃弾がとっさに顔をかばった私の右腕のひじを射抜いたらしい。そうした状況は、あとで傷の手当てをしてくれた軍医がなんどか私に問いただしやっとわかったことだが、そのときはなにがなんだかさっぱりわからなかった。

転がったまま見上げると、数人の中国人便衣が私をとりまいている。

「別打、別打！」（撃つな、撃たないでくれ！）

私は必死に叫ぶ。が、そのうちの一人が、いきなり拳銃を振り上げるや、私めがけて勢いよく振りおろした。

「殺《や》られる」

その瞬間、その拳銃が、勢いよく私の顔の横に転がってきた。振り下ろした拍子に、すべって手から落ちたのだ。

私は必死でその拳銃に手を伸ばした。相手もそれを拾おうと身をかがめた。一瞬、すきができた。私はとっさに柔道の寝技の要領で腰と上体をひねって起き上がるや駆けだした。数人の男たちが拳銃を構えながら追いかけてきた。

このままでは殺られる。私は必死になって、いま来た太倉の方向に走った。

前方から、自転車に乗った中国人がやってきた。そうだ、あれを借りて逃げよう。「オーイ」と叫んだ。しかし、血だらけの私を見るや、中国人はびっくりした様子で、くるりと方向を変え、もときた道を引っ返していってしまった。がっくりする。

だが、このままでは殺られてしまうと思い、ただひたすら走る。腕からは血が流れ放題だし、口のあたりもやられている。口内を舌でさぐると、するっと舌の先が外に飛び出す。そこからもたえず血が流れ落ちている。心臓が口のところでドクドク息づいている。

目の前に、母の悲しげな顔が浮かんだ。母を悲しませてはいけない。なんとしても生きなくてはと、気をとりなおして、また走りつづける。

だらりとした右腕を左手でかかえて一〇〇メートルほど走ったところで、右側の畑に入った。冬なので作物は植わっていない。土の中に隠れることができたら、と思ったが、それも空しい。さっき橋を渡ったあの川に、なんとかたどりつけないかと思う。畑をあえぎあえぎながら走っていくと、前方にこんもりとした林が見えた。川かもしれない。希望をもって走りつづけ、やっと茂みにたどりつく。そこは川ではなく灌木に囲まれた、すり鉢状の土手をもつ池だった。農業用の溜め池らしい。

がっかりしたが、囲いの入り口から入って、土手に腹ばいになる。わずかに首をもたげ、いまきたほうをにらみながら敵を待つ。敵は必ずくる、と。

池にもぐって身を隠そうかと思う。しかし、よどんだ泥水だ。もし入っていたら、こちらは満《まん》身創痍《しんそうい》。破傷風にでもかかったろう。

乾ききった畑には、人っ子一人見えない。風もなく、穏やかな江南の田園風景そのものだ。たったいまあったことが、夢のようだ。

ふと我に返る。これは夢ではない、現実だ。

「こんなに中国に親しみを抱き、関心をもっている自分を襲うとは……」

憤りより、むしろ悲しくなった。

とうとう見つかる──九死に一生の狭間《はざま》

向こうのほうで、かさかさと音がした。

敵だ。敵がやってきたと、身構える。心臓が早鐘を打つ。

また音がした。間違いなく足音のはずだが、近づいてはこない。身を伏せたまま、のび上がって音のほうを見る。すると、紐で木につながれた一匹のヤギが目に入った。

ほっとする。そのときだ。四、五メートル先に一人の子どもがあらわれた。びっくりしたような表情で、じっとこちらを身つめている。何秒くらいだったろうか、突然、子どもは身をひるがえして走り去った。

しまった。見つかった。必ず大人をつれてくる。隠れなくては──。

この茂みよりほかに隠れるところはない。それまでは林の囲いの入り口の向かって右側に伏せていたが、そこを動いて左側に移動する。じっと待つ。その長かったこと。

はたして、大人らしい話し声とともに、足音が聞こえてきた。さっきの子どもが先に立ち、二人の大人を案内してきた。いずれも農民風だ。そして、さっき私が伏せていたほうをのぞきこんでいる。

「いないじゃないか」

そんな話し合いのあと、こちらを振り返った。私と目があった。とうとう見つかった。

彼らは近寄ってくるなり、さあ行こう、と手をさしのべてきた。危ない。テロの一味かもしれない。私は尋ねた。

「良民《リャンミン》？」（良民か？）

「良民、良民」（良民だよ）

「有没有良民証《ヨウメイヨウリャンミンジョン》」（良民証があるか）

「有《ヨウ》、有《ヨウ》」（あるよ）

農夫は首から下げていた良民証を見せた。

汪兆銘政権は、清郷工作地区内では、住民に良民証という身分証明書を発給し、敵性住民との区別をしていた。その良民証を示して、村のほうへ行こうというのだ。しかし、私にはとても信用できない。地べたに座ったまま、動こうとしなかった。

そのとき、畑のはるか向こうに、人影が見えた。カーキ色だ。こちらに近づいてくる。日本兵だ。

「オーイ」と手をあげる。兵士はどんどん近づいてくる。

抜き身の軍刀をさげた日本軍の軍曹と、銃を持った汪政権の兵士二人だ。

「先生がやられました。早く、行ってください」

農民二人に支えられながら立ち上がると、私は咳き込みながら、テロにあった方角を指した。

「うん。だが、危なくて近づけない。この村には保安隊がいるが、反乱を起こしたのかもしれない」と尻込みをする。なんとも情けない。

と、そのとき、街道を兵士を満載した一台のトラックが疾走してきた。停止するや、素早い動作で兵士たちがトラックを降り、展開。指揮をしている将校が、私たちのほうに近づいてきた。

「あの村の保安隊の武装解除をします。すぐ太倉にバスを出しますから、乗っていてください。それから、きょうは眠らないように。眠ると、逝ってしまいますから」

そうか、眠ってはいけないんだ、と思った。太倉の方角に向けてバスが一台停まっていた。農民に支えられてバスに乗り込む。バスの座席には、一人の中国人が座っていた。

私は運転手席横の最前列の席に座った。なんとか助かったか、とほっとする。少し寒さを覚えたが、なんともいえず気持ちがよくなったところまでは知っていたが、あとは覚えていない。

「眠ったらいかん。眠ったら、そのまま逝ってしまう」

鋭い怒声に、はっと目を覚ます。さっきの将校が脇に立っていた。いつの間にか、眠ってしまったらしい。

「今晩は、絶対に眠ってはいけません。すぐバスを出しますから」

ひどい寒気がしてきたのは、出血多量のせいだろうか。

制服のボタンを二、三はずして三角巾《さんかくきん》代わりにし、射たれた右腕を抱えた。バスは二人だけを乗せて、猛スピードで走りだした。日はとっぷり暮れていた。闇《やみ》の中を走ってどれくらいたったろうか。バスが停まったところは、太倉駐在の日本軍部隊の兵舎の前だった。

迎えに出た兵士に支えられ、バスを降りて歩こうとした。しかし、一、二歩歩いたところで足が進まなくなった。兵士に抱えられ、ひきずられるようにして、隊舎に入った。

入り口の部屋に、陣内さんがいた。左腕をぐるぐる巻きにした包帯の白さが目にしみた。陣内さんは悲痛な声を振り絞るように言った。

「宮川がやられた」

いっしょにきた同学年の友人が命を落としたという。頭の中が真っ白になった。

死線をさまよう――生へ回帰への長い夜

次の畳の部屋で、治療が始まる。

「なんだ。あれだけ言ってあるのに、なにも止血してないじゃないか」

軍医が、兵士たちの負傷者の手当てがなってない、とくにかんじんな止血がされてないと、ぶつぶつ言う。さらに、質問が次々と飛んできた。

「弾丸はどうした。ここを撃った弾丸はどこへいった。飲んだのか」

まさか、そんなものを飲むはずがない。最初に発射された弾丸は、右肘の関節を貫通している。

しかし、唇の下にも大きな穴があいている。下の前歯二本がぐらついている。その弾丸の行方がわからないというのだ。

冬なので、寒がりの私は、毛糸のセーターを着込んでいた。手当ては服を着たまま行なわれた。まず、負傷した右腕の服の部分を、セーターとともに、ジャキジャキと鋏《はさみ》で切って、治療に入った。

負傷箇所が二ヵ所だったので、軍医は二発射たれたのかと思ったようだが、検証の結果、こう推測された。最初、気配を感じてとっさに右腕で顔をかばったとき、弾丸が右ひじを貫通。その弾丸がさらに、下顎《かがく》部に当たり、下の前歯二本を折って、下に落ちたのではないかというのだ。

畳の部屋に寝かされたまま、どのくらいたったのだろう。異様な気配に驚く。軍医が私の胸をまたぐようにして、見おろしていた。衝動的に右手の指で左手首の脈をさぐると、ものすごい速さで、とても数えられない。ふつうは六十くらい。風邪で高熱を出したときでも百は超えないのに。

「軍医さん。たいへんです。脈が速くて数えられません」

「ばかやろう。脈が出てきたから助かったのだ。いま、脈が消えていたんだぞ」

脈がなくなったため、あわてて馬乗りになり、心臓にカンフル注射をしたところだという。冬だというのに、軍医は汗びっしょりだった。

「眠るなよ、いいか、今夜は絶対に眠るなよ」

またも、念を押すように言われた。眠ってはいけないと再三言われていたのに、やはり眠ってしまったらしい。もう絶対に眠るまいと心に誓った。

負傷した口の中が、血のりですぐいっぱいになる。それを拭《ぬぐ》ってとらなければならない。部屋には、前線から負傷兵についてきた兵士が二人いた。部隊の衛生兵の手が足りないと聞いた兵士が、私の介護をかって出てくれた。

そのときだ、午前中に見学に行った診療所の中国人看護婦の一人が、興奮した面持ちであたふたと駆けつけてきた。

学生が襲われて負傷したと聞いてびっくりして、すぐ救急箱を持って部隊に駆けつけようとしたが、戸棚に鍵がかかっていて開けられない。そこで、ガラス戸を破って救急箱を取り出し、それを持って駆けつけたのだという。

さっそくその救急箱からガーゼを取り出し、私の口から出る血のかたまりを、手ぎわよくぬぐい取ってくれた。そのタイミングが絶妙で、とくに声をかけなくても、口をもぐもぐさせるだけで気配を察し、すっと手を伸ばしてくれる。

夜が更けてきた。付き添いの兵士は、壁にもたれて眠っている。私の口のもぐもぐと、看護婦の手のガーゼのふれあいが、一晩中つづいた。明け方近く、もう一人の中国人看護婦が姿を見せて、前夜からついていてくれた看護婦はやっと交代した。

一睡もせず、血のりの拭き取りがつづいた。若い中国人の親身な介護のおかげで、私はがんばることができた。

夜が明けた。やっと、六日の朝を迎えることができた。

上海帰還――死者一名、重軽傷者二名の悲しい帰校

朝、学校からの救出隊が到着した。早朝に上海を出発したという。学校からは、林出学生監、山崎生徒主事、学校病院の看護婦。それにクラスメートで柔道部の阿久津房治と小野桂の両君。阿久津君の話では、夜、外出から帰って急を聞き、すぐに小野君とふたりで矢田七太郎学長邸に行き、急いで救援隊を出すよう要請した。しかし、夜間は危険だというので、今日の朝になった。完全武装の兵士を乗せたトラックが護衛についてくれたという。

こちらに来る途中で遭難現場に立ち寄ったときの様子を話してくれた。場所は、嘉定と太倉中間、葛隆鎮あたり。一面畑の中、一直線に伸びた坦々たる道路の途中だった。昨日の惨劇はどこへやら、初冬の陽光がさんさんと頭上に降りそそいで、静寂そのものだったという。

その現場から一〇〇メートルくらい前方の、道路からやや引っ込んだところに林があり、その向こうに数軒の農家が見えた。車の轍《わだち》を便りにそのあたり一帯を見て歩いているうちに、点々とつづく血痕を発見した。それは約五〇メートルほどつづいて、途中で消えていたという。まさしく、私が流した血の痕に相違ない。

ふと、軍医が小声で学生監に説明しているのが耳に入った。

「先生は大丈夫ですが、学生さんのほうがどうも」

そうか、そんなにわるいのか、なんとしてもがんばるぞ、と覚悟を新たにする。

口の中の血のりの拭き取りは、学校の看護婦に代わった。しかし、慣れているせいもあるのだろう、中国人看護婦のほうが手ぎわがよかった。

このテロの襲撃で、学生一名が死亡、教師と学生それぞれ一名が軽傷と重傷、そのほか、車外からの最初の威嚇射撃の流れ弾で、乗客の中国人一名が即死している。

午後になって、上海に向け、帰校の途についた。乗用車の後部座席に横になる。阿久津君が座って抱き抱えてくれた。車列は、長い道のりを上海に向けてノロノロ走った。おそらく私の体調に合わせたのだろう。

あとで阿久津君によく冷やかされた。

「お前は、痛い、痛いと、ひいひい言っていたぞ」

おそらく、道路の悪いところで、車のバウンドのたびに悲鳴をあげたかのもしれない。爾来《じらい》、私は彼に頭が上がらない。

数時間かけて、車列は夜遅く上海に着いた。犠牲になった宮川盛郎君の遺体は、悲しい帰校をした。私は陣内講師といっしょに、上海駐屯の部隊に運ばれ、軍医の診察を受けた。右肘の関節が脱臼しているので、直すという。日赤の看護婦長が、

「私の腰につかまりなさい」

という。婦長の腰に左手をまわす。軍医が脱臼した右腕を力いっぱい引っ張った。

「ああっ」

あまりの痛さに、悲鳴をあげ、力のかぎり婦長の腰に抱きついた。その瞬間、はずれていた関節が入った。びっしょり脂汗だ。

それから八ヵ月以上におよぶ闘病生活がはじまった。負傷した右腕はギプスでくの字に固められ、傷口の部分だけ、手当てができるように穴があけてあった。

太平洋戦争勃発《ぼっぱつ》と退院の決断

一日おいた十二月八日朝、上級生が見舞いにきた。面識のない人だった。

「昨日、虹口の知人の家に行ったら、話題はお前のことばかりだったぞ」

東亜同文書院の学生がテロに遭うのは初めての出来事だったので、上海の日本人社会にも衝撃を与えたらしい。ちなみに書院生遭難のニュースは、東京の『朝日新聞』と上海の『大陸新報』に載った。『大陸新報』には、みんなの写真入りで詳しく報じられていた。

上級生はつづけて言った。

「とうとうやったよ。今朝、コンテベルデを沈めたよ」

コンテベルデは、黄浦江に浮かんでいた、アメリカの砲艦。それを撃沈したというのだ。太平洋戦争の勃発である。私はそのニュースを、上海の病院のベッドの上で知ったのである。

右腕のギプスは、約一ヵ月でとれた。一九四二年の年明けのある日、治療とリハビリのため、それまで同じ病室で治療を受けていた陣内講師と別れ、私だけ十数名の負傷兵とともに、白衣のまま南京に送られた。夕刻、南京の紫金城《しきんじょう》の麓にある陸軍病院の青葉部隊に着き、私は将校病棟に収容された。

学生の私が、どうして軍の病院で治療を受けることになったのか、詳しい事情は私にはわからなかった。当初は緊急処置のためだったと思うが、その後、陣内講師が関係していた興亜院の手配で、陣内さんと私は軍の病院で手当てを受けることになったらしい。あるいは、負傷の治療は、軍の病院のほうが手慣れていたからかもしれない。

治療は午前と午後の二回。傷の治療のあとは、ギプスで硬直した右腕のマッサージ、屈伸運動の繰り返しだ。それが並みのマッサージではない。白い粉をたっぷりつけて滑りをよくしてから、若い看護婦が力いっぱい曲がった手足を引き伸ばすのだ。情け容赦もない。その痛いこと。あちこちからうめき声が聞こえた。中には、硬直した足を力いっぱい伸ばされて、失神してしまった者もいた。

しばらくして、温泉の治療施設に送られた。南京郊外の湯水鎮《とうすいちん》で、蔣介石の避暑地ともいわれていた。マッサージで痛くなった腕を抱えて温泉につかると、痛みがうそのように和らぐ。これは大歓迎だった。しばらく滞在して南京に帰った。ある日、主治医に呼ばれた。

「ここでは、これ以上の治療は無理だ。内地に帰って、軍医学校で自分の恩師に関節の手術をしてもらったらどうか」

病院はどんどん増える負傷兵でいっぱいの状態だった。治癒の見込みがある者以外の重傷者は、内地送りになっていた。私もその中に加えるという。これには困った。少しはよくなっていたが、腕はまだくの字に曲がったまま。右手は顔にとどかないので、洗面もできない。すべて左手で用事を足していた。このまま内地に送られても、いつ回復するか、目途が立たない。幸い腕の神経はやられていないので、指先は動かせた。

私は学生だ。運動ができなくても勉強に支障はない。内地送りより、早く学校に帰してもらおうと、退院の希望を申請した。幸い、病院もそれを認めてくれた。私は八ヵ月ほどの入院生活ののち退院した。

懐かしの復学と徴兵検査の丁種「合格」

学校は夏休みに入っていた。そこで九月から学校へ復帰した。学業のほうは一年遅れだし、もう柔道もできない。柔道部の部屋から離れて、学校の配慮によって、同郷の二人の後輩といっしょに南寮の部屋を与えられ、不自由な体をいたわることができた。

学校に復帰してまもなく、私の部屋に柔道部の猛者で鳴るクラスメートが顔を出し、しみじみと言った。

「おまえもとうとうそういう体になったか。これからは、もっぱら頭を使うことをやるんだな」

彼とはときに衝突したこともあった。武骨な彼としては、精いっぱいの慰めと激励の言葉だったろう。

太平洋戦争に突入したあとの上海は、それまでの租界・上海とはすっかり様変わりしていた。一九四三年八月、百年にわたる中国近代史の屈辱だった租界が、中国に正式に返還された。これは中国にとっては喜ばしいことだったが、実質的には、日本軍の支配下になっただけで、よかれあしかれ、それまでのエキゾチックでおおらかな上海は姿を消した。

一九四三年五月下旬、虹口の武徳殿で徴兵検査があった。私は学業に就いてはいたが、右腕はまだくの字のまま。いくぶん動かせるようになったものの、指先がかろうじて額にとどく程度だった。

そんな私に対する検査は途中までで中断、最終検査の徴兵官の前に立たされて、おごそかに申し渡された。

「丁種合格、兵役免除」

徴兵官の大島運八大佐は、日ごろ学生から蛇蝎《だかつ》のごとく嫌われていた。私は耳を疑った。当時は国民総動員で、目や耳が不自由でも、電探などに使われ、それこそ皆兵だとの噂を聞いていたからだ。甲種や乙種は無理でも、丙種には入るだろうと思っていた。

「なにか、お役に立つことが……」

言いかけた私をさえぎって、大島大佐がさとすように言った。

「きみ、兵隊だけがお国に尽くす道ではない。学問でも十分に……」

噂に聞いた大島大佐とは、印象がまるで違っていた。傍《かたわ》らに立っていた、配属将校の下川三蔵大佐が、気の毒そうに声をかけた。

「きみ」

納得するようにとの仕草だった。

それにしても、もう一つ、不審な点があった。「兵役免除」というからには、「丁種不合格」というべきではないか、と。

あとで、どういうのを丁種というのかと調べたら、「不具廃疾《ふぐはいしつ》をいう」とあった。これにはがっくりきた。ああ、自分は不具廃疾なんだな、と思った。

それから敗戦までの三年間、国民総動員のおりから、私は肩身の狭い思いで過ごさなければならなかった。そしてそれは、敗戦までだけではなく、戦後も長く私のコンプレックスとなった。

同年代の者が集まると、懐旧談に花が咲く。学生時代のこと、青春のころのことなど、みな懐かしい。そのうちに、決まってといっていいほど話は戦時中のこと、さらに軍隊時代のことになる。それぞれ輝かしい話が展開される。

だが、兵役にまったく就かなかった身としては、じつに耳が痛い。懐かしいはずの青春時代のことなのに、私には苦手なのだ。

書院恒例の大旅行で戦時下の北京を調査研究

先にもふれたが、東亜同文書院大学には、卒業を控えた高学年には夏季、三、四ヵ月をかけて、各班に分かれて中国各地を旅行し、現地の風俗習慣、政治、経済の各項目にわたって実地に調査する伝統がある。大旅行という。

帰校後、調査結果をまとめて提出。これが卒業論文となる。私たちの期は、一九四三年六月から旅行に出た。これが同文書院最後の大旅行となった。

戦況が悪化し、辛うじて点と線を維持する日本軍の占領下にあって、大旅行も大きな制約を受けた。これまでは北から南へと、広い地域を旅行するのが慣例であり、また学生の憧れの行事でもあった。

たとえば前年、私たちより一級上の期は、蒙疆《もうきょう》より北京、太原《たいげん》、天津、杭州《こうしゅう》、漢口、蘇州、南京、広東《カントン》、香港にまでおよんでいる。これでも戦前に比べると少ないほうだ。

しかし、私たちのこの年は、それが不可能になった。そこで各指導教授の指導のもとに作成した調査項目を、一ヵ所に長期滞在して調査研究する方式に変わった。

奥地への旅行は困難なので、ゼミ単位で、長江デルタ地帯の調査に重点をおき、太倉、常熟《じょうじゅく》、武進《ぶしん》、崇明などの各調査班に分かれて調査にあたった。各班は、歴史地理、政治、経済、社会、文化等の項目を担当した。

て出発した。

私は武進班に属し、常州《じょうしゅう》に滞在、小岩井浄《きよし》教授の指導のもとに、文化項目の調査を担当した。調査期間が終わって、各自個々に旅行に移った。私は柔道部の級友とともに、まず南京へ向けて出発した。

例によって、同窓会名簿が頼りだ。南京では華中鉱業南京事務所に所長の中馬靖友氏を訪ね、業務の説明を受けた。二十七期の先輩である。精力的な仕事ぶりが頼もしかった。この日の宿泊は、同社の三十四期の先輩、脇田五郎氏のところにお世話になる。

南京で友人と別れ、翌日から単独行になる。とくに不安はなかった。まだ負傷した右腕は曲がったままで不自由だったが、神経はやられていなかったので、指先は動かすことができ、なんとか旅行をつづけることができた。

中国人乗客に交じって津浦線《しんぽせん》（天津―浦口《ほこう》）を北上。途中、済南《さいなん》に三日ほど滞在して八月、北京に着いた。ここでは同窓でなく、紹介状を持って小澤開作氏を訪ねる。世界的な音楽指揮者・小澤征爾氏の父君で、満州建国に活躍した民間の大物である。

小澤氏は不在で、日本大使館があった東交民巷《とうこうみんこう》付近のお宅は、大使館に勤務する親戚の人が留守をあずかっていた。紹介状を見ると、こころよく迎えてくれて、一部屋を提供、一週間にわたる北京滞在の世話をしてくれた。

戦後もかなりたったころ、テレビに、「ブラームスがやってきた」のタイトルで、北京でタクトを振った小澤征爾氏のことがとりあげられていた。そのとき、自身の生家を訪ねる場面が映しだされて、私にとっても懐かしかった。

残念なことに、一九八四年からの北京滞在中、東交民巷を訪ねては、昔の記憶をたどったが、戦前の日本大使館跡はいま、北京市革命委員会や市庁舎になっているので、戦時中の小澤開作氏の家を見つけることはできなかった。

戦争下においても古都のたたずまいを見せた北京

大陸各地をめぐる大旅行ができなかっただけに、初めての北京滞在はとても興味があった。北京についての具体的な予備知識が皆無に近かったことを、あとで後悔することになる。せめて、北京の人情を叙して余すところのない文豪・老舎《ろうしゃ》の作品にでももっとふれていたら、いっそう実のある北京観察ができたのにと残念でならない。

戦後、北京に長期滞在するのは、文化《ぶんか》大革命《だいかくめい》（文革）以後なので、老舎はすでに世を去っていた。

北京滞在中は、さいわい晴天つづきだったので、毎日のように外出した。天安門前は、いまのような天安門広場ではなく、官庁街だったように思う。紫禁城《しきんじょう》は、最後の皇帝・愛新覚羅《あいしんかくら》溥儀《ふぎ》が満州《まんしゅう》（中国東北部）に去って、故宮《こきゅう》となっていた。いまは故宮博物院として、北京観光の目玉になっているが、当時はまだ公開されていなかった。

そこで、故宮裏手の路一つ隔てた景山《けいざん》に行った。高さ一〇〇メートル足らずの小高い人工の山

ありし日の北京城内――高塔を望む戦前の絵葉書より

である。頂上の四阿《あずまや》から見下ろす目の前の黄色の瑠《る》璃瓦《りがわら》が波打つ故宮の華麗壮大な眺めは、まことにすばらしい。故宮展望随一の場所である。

戦争中のこととて、訪れる観光客も見あたらなかった。むしろ、たまに来る観光客相手の土産物売りにまとわりつかれ、せっかくの眺望や、王朝の歴史に思いをめぐらせる貴重な時間をさまたげられた。

いまはわずかに正陽門《せいようもん》や徳勝門《とくしょうもん》が残るばかりだが、当時の北京にはまだ城壁、城楼があった。市内には、のんびりと路面電車が走っていた。動物園にも行った。いま地図でみると、西直門《せいちょくもん》の外なので、当時はまだ城壁があった西直門を抜けて行ったのだと思う。とにかく郊外でずいぶん遠かったような気がした。

北京についての知識が足りなかったので、いま思い返しても、もっと探訪すべきところがあったのにと残念でならない。だから、北京で仕事についた戦後、その穴埋めとばかり、夢中になって北京の歴史探索に没頭した。しかし、せっかく戦前の北京に足を踏み入れながらの欠落は、惜しみて余りある。

このときの北京は、つかの間の平穏とでもいえよう。活気は感じられなかったが、上海とはまた違った、古都としての落ち着いた魅力にはひきつけられた。

友の墓参で戦争の年々の形勢悪化を実感

北京をあとにして、そのまま故郷に向かう。

満州を経由、朝鮮を一路南下、釜山《ふざん》に着いた。夜だった。関釜《かんぷ》連絡船に乗って下関を目指す。

連絡船は米軍の潜水艦を警戒して厳重な灯火管制がしかれていた。船室は満員の乗客で、蒸し暑くてたまらない。ちょっとでも苦情を言おうものなら、ボーイからどなりつけられる。

「暑くて死んだやつはいないんだ。これくらいがまんしろ」

一年、一年と形勢が悪化する。いかにも戦争末期を思わせる光景だ。

青森への帰省の途中、名古屋で途中下車して中央線に乗り換え、岐阜県の多治見に向かった。

二年前、上海郊外太倉で、中国人テロに襲われて命を失った宮川盛郎君の墓参のためだ。この友人のことは、遭難以来、一日として頭から離れたことはなかった。当時はまだ多治見村といったが、ここに宮川君の生家があった。

真夏の太陽が照りつける強い日ざしの中、田舎道を尋ね尋ねてやっとたどりついた生家は、静かなたたずまいの中にあった。ご両親にお目にかかり、二年前の遭難のありさまを報告した。学生時代の話もいろいろ出た。とにかく気の重いひとときだった。話題は尽きず、宮川君をしのんで、夜遅くまで、もっぱら父君と語り合う。この日は泊めていただいた。

翌日、朝早く、妹さんの案内で宮川君のお墓に詣でた。宮川君は、生家からあまり遠くない、小高い丘の中腹に、静かに眠っていた。

書院生の学徒出陣はじまる

一九四三年に入ると、年配のクラスメートから、応召入営者がぽつぽつ出はじめた。私とともに入学した大学一期生は、一九四三年秋、半年間の繰り上げ卒業となった。

大学二期生はこの年十月、学生の在外徴兵猶予の制度が廃止となり、徴兵検査が実施された。合格した学生のほとんどは、現地部隊に入営することになり、学部二年の応召者には仮卒業証書が授与された。

そして十二月、書院生の学徒出陣となった。

大多数が入営したため、学校に残った学部二年生は、徴兵検査の丙種、丁種のわずか十名となった。負傷で一年遅れた私も、その中の一人だった。

一九四四年を迎え、在校の最上級生はわずか十人だったが、元気な下級生は健在。男子国民の義務である兵役にもつけない肩身の狭い身ながら、残された者の責任として、下級生の指導にあたる。

激しく押し寄せるインフレの波が、学生生活にも容赦なく襲いかかり、かつてのおおらかな書院生活も影をひそめ、耐乏生活にあえいでいた。そんな困難な状況の中で、いかに書院の道統を受け継ぎ、伝えていくかに腐心した。

失敗を認めない戦争指導者——辻政信参謀は虚しい豪語

一九四三年秋ごろと思うが、東亜同文書院で、支那派遣軍総司令部参謀・辻政信大佐の講演があった。当時「総軍に辻あり」と、その名が鳴り響いていた辻大佐には、逸話が多かった。その一つにこういうのがある。

上海の虹口には日本料亭がいくつかあった。そこは軍人たちの憩いの場とされていた。しかし、往々にして前線で命懸けで戦う兵士たちの労苦をよそに、酒色にふける将校たちの姿がよく見られた。これが着任早々の辻大佐の逆鱗に触れた。廉潔《れんけつ》を旨とする辻大佐は、さっそく、料亭の一掃を掲げて話題を呼んだ。

その辻大佐が、いまの戦局についてどう語るか、文治堂《ぶんじどう》（講堂）には、大勢の学生が詰めかけた。

この年二月、ガダルカナル撤退、四月、連合艦隊司令長官山本五十六戦死とつづき、戦勢、日に日に非なりという状況にあった。

容貌魁偉《ようぼうかいい》、気力に満ちた辻参謀は、血で血を洗う戦場のなまなましいありさまを、とうとうと弁じた。参謀とはいえ、つねに第一線にあったというだけに、語ることには迫力があった。そして、一段と声を張り上げてこう叫んだ。

「ノモンハン、ガダルカナル、この日本の大きな作戦には、いずれも自分が参加し、作戦の指揮をとった」

誇らしげにまくしたてる辻参謀の話を聞いているうちに、ふと奇異な感じがしてきた。けわしい戦況にふれてはいるが、多くは自分の奮戦、手柄話ではないか。それよりも、問題は、ノモンハンでガダルカナルで、彼がどのように作戦の指揮をとったか、その具体的な内容である。

当時、ノモンハンで大きな戦闘があったらしいことは聞いていたが、日本軍の大敗については、なにも知らなかった。しかし、ガダルカナルは違う。

大本営は当初、ガダルカナルの戦況について転進と発表、ついで撤退と発表した。ガダルカナルの悲惨な日本軍についての詳細を知るのは戦後のことだが、日本軍が大苦戦を強いられたらしいことは、私たちも察知していた。それは、こんな事情があったからだ。

柔道部二年後輩の那須力君が、急いで帰国したことがあった。当時、第二師団第二歩兵団長だった那須君の父上、那須弓雄少将が南方戦線で戦死したという。

一九四二年八月、米軍がガダルカナル島に上陸、奪回を期した日本軍は兵力を逐次投入、米軍とのあいだで死闘が展開された。那須兵団は第二師団麾下の精鋭部隊として十月、ガダルカナルに上陸した。しかし、圧倒的な米軍に対して行なった総攻撃で、那須少将は戦死をとげたのである。

父君の遺骨を迎えるため、那須君が上海から帰国したことで、ガダルカナルのこともれてきて、学生たちもおぼろげながら知ることになったのである。

だから、辻大佐のこの豪語は、書院生にはただむなしくしか聞こえなかった。

ガダルカナルに残った兵士の撤収作戦は、奇跡的に成功した。しかし、兵力の逐次投入を行なった作戦が大失敗だったにもかかわらず、その作戦失敗のかなりの部分の責任を負うべきはずの辻参謀が、いかにも誇らしげに、成功した撤収作戦を語るのだ。

失敗を失敗と認めない日本軍の参謀や戦争指導者の過誤が、日本を敗戦の悲運に導き、いたずらに犠牲を大きくしたのではあるまいか。

当時は真相がつまびらかにされないままだったので、漠然《ばくぜん》とではあったが、ノモンハンをふくめて、この講演には大きな不信感を抱かざるをえなかった。そして、このとき感じたことが的はずれでなかったことは、その後の事実が裏づけている。

ノモンハン生き残り兵士の証言――情勢誤判断の悲惨

辻参謀が大活躍したと豪語するノモンハン事件とは、一九三九年五月から六月と、七月から八月にかけての二回、旧満州国西北部の国境地帯ノモンハンの大平原で繰り広げられた、ソ連・モンゴル軍と日本軍との大規模な戦闘のことである。

日本側の予想を超える大兵力で臨んだソ蒙軍に対し、情勢判断を誤った日本側は、兵力の逐次投入という愚挙を繰り返し、圧倒的なソ蒙軍の兵力に壊滅的惨敗を喫した。この戦闘には、辻参謀の作戦指導も大きな影響があったといわれている。

大敗を喫したノモンハン事件について、その実相を知ったのは、戦後、事件についての著作物からである。しかし、著作物からの情報には、なにか物足りなさを感じていた。

それがはからずも、事件から六十四年たった二〇〇三年十二月、ノモンハン事件生き残りの兵士から、当時の惨状についの迫真的な証言を得ることができたのである。

当時一兵士だった穴沢一寿氏に会って、生々しい〝ノモンハン戦記〟を聞いたのは、二〇〇三年暮れ、神奈川県横須賀市の穴沢邸を訪れたときである。穴沢氏は一九三八年、東亜同文書院卒業の先輩である。以下は、氏が語ったノモンハン事件についての証言である。

一九三八年十二月、応召で仙台の第二師団の輜重《しちょう》隊に入隊。ただちに満州にわたり、牡丹江の独立自動車中隊に配属された。ところが、ジフテリアにかかり、牡丹江陸軍病院に入院。そのため、三ヵ月の初年兵教育も受けられなかった。

やっと回復した翌三九年、非常呼集で部隊は西部国境に出動、ハロンアルシアンのノモンハン部隊、自動車隊となって、一週間かけて現地に到着した。するとすぐ戦争がはじまった。ノモンハン事件の勃発である。

朝起きたらどうだ。ソ蒙軍の戦車が、まるで銭塘江《せんとうこう》（浙江省の杭州湾に注ぐ大河）の逆流のように押し寄せてくる。こちらは火炎瓶やアンパン地雷で応戦するが、みるみる蹂躙《じゅうりん》される。そのうえ、火炎放射器で焼かれ、将校、兵士がばたばた倒れる。まさに地獄絵図だ。敵は夜は引き返したが、一週間で歩兵は全滅。

ついに、旅団司令部から、「永井隊突入せよ」の命が下る。自分の部隊だ。

地雷を自動車の前に四個、横に四個ずつ付ける。これがこちらの最終決死兵器だ。

四斗樽《しとだる》を開けて、「明日は死ぬのだから、飲め、飲め」と言われたが、いくら飲んでも頭が冴えて酔えない。これまでのことが次から次に思い出されて、どんどん頭が冴えてくる。

夜十二時、旅団司令部からサイドカーが駆けつけた。そして命令を伝えた。

「明朝の出撃、中止。先ほど停戦協定が成立した」

隊長は大声でバンザイを叫んだ。そしてみんなも。それから呑み始めたところ、一時間もたたないうちに、みんな酔いつぶれてしまった。空には星が一つまたたいていた。兵士たちは口々に叫んだ。

「辻の野郎、いまに殺してやる」

六十年以上昔のことだが、穴沢さんは、つい昨日のことのように、顔を紅潮させ、激しい口調で語った。私は手に汗しながら聞き入った。

そして、学生時代聞いた辻参謀の講演が、またよみがえってきた。なんという愚かな作戦をしたのだろうか。

現役将官さえもが東条を痛烈批判

一九四四年の春ごろ、また参謀肩章を吊った軍人の講演があった。今田新太郎少将で、支那派遣軍第三十六師団参謀長のころだったと思う。満州事変当時の大尉時代、関東軍参謀として活躍している。

前年、ガダルカナル撤退、連合艦隊司令長官山本五十六戦死と、戦局は緊迫の度を強めていた。十一月には、同期の大半が学徒出陣で学窓をあとにし、戦地におもむいていった。残った在校生はみな、戦局のなりゆきに注目していた。だから、現役の高級軍人の話には関心が強く、会場の文治堂は学生であふれていた。

講堂の演壇に立った今田少将は、開演前、大声で最後部に向かって叫んだ。

「おい、副官、憲兵はいないか」

「はい、おりません」

振り返ってみると、最後部に立っている将校が答えた。このやりとりに、会場は一気に緊張が走った。

今田少将の話の詳細は覚えていないが、東条英機首相の独裁政治を痛烈に批判したことだけは、鮮明に記憶している。このとき東条首相は陸相、参謀総長も兼任していた。

東条政治に対する批判は、巷《ちまた》に満ちていた。東条暗殺未遂などの噂も耳にすることもあったが、なにしろ憲兵政治に支えられて、国民はどうしようもない閉塞感にとらわれていた。それだけに、現役の将官が東条政権を完膚なきまでに批判したのには驚いた。同時に学生たちは、一様に胸のつかえが下りた思いがした。

さすがの強圧政治の抑えも、きかなくなりつつあったのかもしれない。それからまもなく、この年の七月になって東条内閣は総辞職した。

私が卒業できた理由《わけ》――学則変更という学長の英断

東亜同文書院大学学長の本間喜一先生は、すぐれた見識の名学長だった。敗戦後、東亜同文書院大学の困難な後始末を見事になしとげ、戦後、最高裁初代事務総長として法曹界につくし、また愛知県豊橋に愛知大学を設立、去就に迷う引き揚げ在校生を収容したことで知られる。

私が入学した翌年の一九四〇年、教頭兼大学予科長として着任。商法の権威で、ユーモアあふれる学殖豊かな本間さんの講義は、とても好評だった。

本間さんのキャンパス内のお宅には、夕食後、よく押しかけた。太っ腹の本間さんは、時局についての書生論をにこにこしながら聞いてくれた。気楽に学長宅にも遊びに行けたのだから、とにかくこの学校は一風変わったというか、まことにユニークな学校だった。

その本間先生に、一九四四年早々、学長室に呼び出された。時局について語り合っているうちに、本間さんがこう言った。

「そうだ、学則を変えて、君の教練の授業は免除しよう。これから戦争が、ますます激しくなってくれば、兵隊に行って負傷して返ってくる学生もでることだろう。そうだ。免除することにしよう」

当時、戦時色を反映して、体操、武道、教練が正課としてとりあげられていた。武道は、柔道、剣道、弓道だが、予科時代に単位を取得していた。しかし体操、教練は、学部でも必修科目だった。

一九四一年に中国人テロに襲われて重傷を負った私は、復学後、教練、体操の二つの授業は、肩身の狭い思いをしながらも、すべて「見学」で通していた。しかし、とくに教練は重要で、教練検定の合格が卒業の必須条件だった。「不可」が一つでもあれば、卒業はできない。

それまでは深刻に考えたことはなかったが、この年の秋の繰り上げ卒業を前に、私にとっては大きな問題になるはずだった。それを、本間学長は免除するというのだ。

そして秋、卒業式が行なわれた。卒業式に臨んだのは、在校していたわずか十人。あとはすべて応召して兵営にあったので、前年、仮卒業証書が渡され、正規の卒業証書は、この年、留守宅に送られた。

学則がいつ、どのように変更されたかは知らない。しかし、本間学長の英断によって、私も十人の中の一人として確かに卒業証書を手にすることができた。

満州「国」を示そうとした皇帝・溥儀ゆかりの仮宮殿

名学長に恵まれたものだと、しみじみ思う。

満鉄社員として新京へ

かつて中国東北部に、王道楽土《おうどうらくど》を夢みて創られた「満州国」という国があった。しかし、中国にとってみれば、痛憤《つうふん》きわまりない屈辱の歴史である。中国の歴史教科書では、「偽満《ウエイマン》」、偽満州国、日本の傀儡《かいらい》政権として取り上げられている。

そもそもの発端となった満州事変は、一九三一年九月十八日に勃発。この日から十四年にわたる日中戦争がはじまった。その九月十八日、すなわち「九《チュウ》・一八《イッパ》」は、民族の悲劇の合言葉として、中国人にとっては、「リメンバー・パールハーバー」にひとしい作用をなしている。

そのことは、一九九五年から教壇に立った北京大学で、中国の超エリート、北京大学の学生からいやというほど思い知らされた。満州事変勃発の一九三一年から、六十四年後のことである。

「九・一八」こそ、今日につながる反日の原点であり、原動力であったといえるのではないか。

一九四五年八月九日、ソ連軍が満州に侵攻した。そのとき私は、南満州鉄道、いわゆる満鉄の社員として満州国の首都・「新京《しんきょう》」（現・長春《ちょうしゅん》）にいた。そして、八月十五日、私は日本の敗戦を、その満州国で迎えた。

満州国は、中国にとっては抹殺したい思いの歴史かもしれない。同時に、日本にとっては、悔恨の歴史であり、とりわけその地にあった日本人にとっては、敗戦から引き揚げまで、抹殺することのできない悲劇が展開された地でもあった。

満州国、無敵関東軍、満鉄……そのいずれもが、なすすべもなく崩壊した。その最後の日をこの目で目撃した歴史の証人の一人として、目のあたりにした事実をありのままに伝えなければと思う。

満州へ――つかの間の平穏下での先輩の熱い歓迎

一九四四年秋、繰り上げ卒業で、六年におよぶ上海の学生生活を終えた私は、同年暮れ、満州に渡った。

当時、戦局は大きく傾き、日本はすでに制空権を失っていた。揚子江の河口にはアメリカ軍の潜水艦がうようよしていて、日本の船舶がよく餌食にされていた。東亜海運の上海―大連航路も例外でなかった。

それまで学生時代に利用した上海航路では、いつも料金の安い三等船室だった。すぐ下は海。エンジンの音ばかりがうるさく、船室の窓は水面下というのがお決まりだった。

しかし、このときは、魚雷の攻撃を受けていつ海に投げ出されるかわからない。脱出が容易なようにと、初めて最上階の一等船室におさまった。

船は、敵襲を警戒しながら、大陸の沿岸ぞいに、灯火管制をしながらゆっくり北上。予定以上の日数をかけて、やっと大連港に着いた。

三年ぶりの大連の街は灯火管制で暗かった。船中で知り合った人といっしょに、大連に一泊。翌日、新京を目指して鉄道で北上。この日から、敗戦の日まで、私の満州生活がはじまった。

戦場に囲まれた上海からきてみると、新京はまだ戦地ではなかった。それからソ連の侵攻、そして敗戦の日までの、束の間の平穏な日々を味わった。激動の日々が迫っているともつゆ知らずに。

一九四五年の正月を迎えた。

新京に着いてさっそく世話になったのが、東亜同文書院の四年先輩の増崎依正氏と三年先輩の村岡正三氏である。二人とも一九三九年以来の再会で、短い新京生活での生活の中で、濃密な往来がはじまる。

新京では、興安街《こうあんがい》の外交部（外務省）に近い、同郷の知人のお宅に泊めていただくことになった。着いてまだ日も浅いのに、どういうルートで知られたのか、同窓の新年会に招かれた。繁華街、吉野町の日本料理屋だったと思う。出席してみると、おもに柔道部ＯＢたちの集まりで、増崎依正さんの顔も見えた。

学生時代から「鬼の増崎」の異名をとり、同窓会誌にも、「君は真に純粋無垢、根っからの正義漢であり、熱血漢でした」と形容され、一目置かれる存在だった。

こわい柔道部の先輩方の歓迎に、最初は体を縮めてひたすら恐懼《きょうく》していたが、増崎さんとは六年前に面識があったことから、いくらか気が楽だった。

もう一人、武骨な先輩がいた。さらに二年先輩の石田三郎さんだ。こわい先輩方に囲まれながらも、飲むほどに酔うほどにすっかりうちとけた。初めて社会に出た身に、先輩はとても心強かった。

新年会のあと、増崎さんの新京のお宅に案内された。増崎さんは応召して兵役に就き、陸軍中尉として、関東軍司令部参謀部第四課に勤務していた。宿舎は軍の官舎だった。その夜は石田さんもいっしょだったと思う。石田さんは、満州国外交部勤務の外交官で註ソビエトの領事館勤務の領事らしいとのことだった。これは新年会のとき、だれかに聞いた気がする。私にまるで記憶にないのだが、増崎さんのお宅で、私と石田さんのあいだでこんなやりとりがあったらしい。

「石田さんは、どちらにお勤めですか」

「君、そういうことを聞くものではない。手が後ろにまわるよ」

日本の城の天守を思わせる関東軍司令部
——現在は中国共産党吉林省委員会

六十年近くのち、増崎夫人から当時を回想したお手紙をいただき、その中に記されていた。私の軽はずみな質問を耳にした夫人は、そのとき、「きわどいことを聞く後輩もいるものだ」とはらはらした記憶が残っていたという。

無敵関東軍の正体——知らされた無戦力の内実

その夜は増崎さん宅に泊めていただき、翌日、出勤する増崎さんのあとについて、関東軍司令部を訪れた。官舎から五、六分のところに、日本の城の天守閣を思わせる司令部の建物があった。衛門をくぐると、軍装に身を整えた増崎中尉に、衛兵がいっせいに敬礼した。そのとき、いつのまにかあらわれた石田先輩が、平服で衛門をすたすたと入っていくのが見え、なんとなく奇異な感じがした。

増崎さんの勤務室をのぞいて、しばらくして司令部をあとにしたが、増崎さんにはその後もたびたび会った。会うたびに、時局についての話をいろいろと聞かされた。そんなある日、増崎さんは日ソの情勢について、機密にふれることは避けながらも、沈痛な面持ちでこういう意味のことを語った。

「いまソビエトは国境に兵力を集めて、虎視眈々《こしたんたん》と満州を狙っている。だけど、関東軍はな、飛行機もなければ戦車もない。だから、開戦となれば、ソ連は飛行機など使わない。もっぱら戦車を使って攻めてくるだろう。ひた押しに押して、国境から新京まで、たった一週間だ」

初めてこれを聞いたときは、愕然《がくぜん》とした。

中国戦線が泥沼におちいり、太平洋各地で日本軍が押されつづけているのは感じていたが、無敵を誇る関東軍がこのよう状態とは……。

言葉を選びながら語る増崎さんの話に、日本は容易ならぬ事態にあることを痛感した。あるいは、「いざというときの覚悟を決めておけ」という増崎先輩の示唆だったかもしれない。この日から私は、いつかこの日がくるかもしれないと、心にとどめておくようになった。

そして八ヵ月後、満州はまさに、増崎さんが予言したとおりの日を迎える。

日本の敗戦まで大陸に君臨した満鉄（南満州鉄道）の横顔

新京の街は、新京駅から南に真っすぐのびた幅員の広い大同大街《だいどうたいがい》はじめ、整然とした都市計画にもとづいた街造りが行なわれ、公園も多く、近代的な都市の様相がうかがわれた。広大な帝宮

新京駅真ん前にあった満鉄本部ビル
——現在は瀋陽鉄路局長春鉄路分局

の建設も進められていた。皇帝・溥儀は、新京駅北東の仮宮殿住まいということだった。

新京での私の勤務先である満鉄は、当時、日本最大の株式会社で、その誕生は日露戦争にまでさかのぼる。

アジアの鉄道史に大きな足跡を残した満鉄は、日本の敗戦とともに消滅するまで大陸に君臨した巨大組織である。

敗戦までのわずか半年、末席を汚しただけの私が満鉄を語るのはおこがましいが、偶然にもその最後の日に居合わせた者の一人として、その一端を見たまま記しておくのも、責任の一つかと思う。

満鉄の本社は大連にあったが、私が入社したときは、総裁以下、事実上の本社機構は新京駅前の新京支社ビルにあり、ここを満鉄本部と称していた。私が配属された整備局第四課は、それまで総務局にあった弘報課が、職制改革によって新設された整備局の第四課となったものである。

整備局の職務内容は、第一課が対ソ作戦の動員計画にもとづく軍事輸送、第二課はソビエトに対する諜報や謀略をあつかう。第三課は、ソ連空軍が侵入したさい、列車や貨物をどこに退避させるかを計画する。そして、私の所属する第四課は、従来の総裁室弘報課、総務局弘報課が生まれ変わったもので、庶務、情報、宣伝、異民族工作の四係が置かれていた。

情報係は政治、経済、交通の三班に分かれ、出先機関としては東京支社、大阪事務所、各鉄道局、北支事務所、上海事務所、中国各地駐在員、ニューヨーク事務所、欧州事務所などがあり、世界各地からニュースが送られてきた。

第四課の宣伝、異民族工作の任務にはユニークなものがあって、社業の紹介、宣伝を、刊行物、写真、映画などによって行なう。これらをあつかう係は、ロシア語、絵画、写真などのエキスパートで構成されていた。

「鉄路愛護」をモットーに、中国人従業員の教育も含んだ巡回紙芝居班も編成されて、満鉄沿線に繰り出したようだ。紙芝居のストーリーは、画家・北島武郎氏が構想し、描いていた。

このように整備局第四課は、性格上、通常のオフィス勤務とは違って、活発で明るい雰囲気がみなぎっていた。これは、ひとえに課を統率する浜本一人課長の人柄によるところが大きかった。

満鉄入社の初日、第四課の部屋に入って、浜本課長に挨拶にいった。いささか緊張して課長の席の前に立つ。眼鏡《めがね》をかけ、書類に目を通していた赤ら顔の浜本課長が、顔をあげて声をかけてくれた。

「おう、おう、来たか。まあ、しっかりやれ」

顔がほころんでいた。硬くなっていた私はほっとした。

浜本課長は、十六期上の大先輩。広島の野球の名門、旧制呉一中出身で、東亜同文書院時代は野球部のキャッチャーで活躍したという。同窓誌にはこう記されている。

「秀才中の秀才。満鉄から北京へ留学。中南文事務所に勤務。物にこだわらない、竹を割ったようなような性格で、決断と行動力で、『満鉄に浜本あり』の名声を博した」

北京、南京、香港の事務所長や駐在調査員として活躍。また総裁室弘報課長、総務局弘報課長、整備局第四課長を歴任、本社の弘報責任者として辣腕《らつわん》を振るったという。

短い期間だったが、私は浜本さんの下で第四課時代を過ごし、ソ連侵攻後は、一時期、起居をともにした。豪放磊落《ごうほうらいらく》、飾らず、ずけずけ物を言う半面、気配り豊かな人柄は、みんなから慕われていた。

第四課の在籍者は三十名近かったが、何人かは応召していて、いなかった。私は情報係で、もっぱら送られてくる情報の整理を担当した。当然、一般には極秘の電報も目にした。日本内地の空襲状況なども頻繁《ひんぱん》に送られてきた。そのつど、戦況のただならぬのを実感した。しかしこの時点では、新京はまだ平穏だった。

第四課は中国畑が多かったが、ロシア畑の人も何人かいた。筆頭は、ロシア語のエキスパート、野崎義夫氏。ソビエト演劇に詳しい野崎さんのお宅で、画家の北島武郎氏とともに、サモワールで入れてくれたお茶をご馳走になりながら聞いたソビエト芸術の話は、とても有意義で、さすが満鉄は多士《たし》済々《せいせい》という感じがしたものだ。

戦局悪化で四十歳以上にも赤紙の根こそぎ動員

順調なすべりだしをみせた満鉄生活だったが、毎日が快適というわけではなかった。ある日、出勤すると、満鉄社員の軍事訓練があった。在郷軍人はもとより、適齢期の日本人男子はみんな参加した。いざというときにそなえる訓練だったが、片腕の自由を奪われた私は、しょんぼり列外にいるしかなかった。

六月に入って、宿泊先の同郷の知人に赤紙がきて入営した。四十歳を過ぎていたのに。これは戦後になってわかったことだが、戦局の悪化につれ、関東軍からの南方への兵力転出がつづき、それを穴埋めするため、在満日系男子二十五万人を召集したのだという。いわゆる根こそぎ動員である。

ちょうどそのころ、私は浜本課長の指示で吉林《きつりん》の満鉄社員訓練所に派遣された。通常、大学出の新人社員は、最初、列車乗務や駅勤務の実務訓練を受けるのだが、私はそれがなかった。代わりに、訓練所で社員教育の実態を見て勉強してくるようにということだった。訓練所は広大な敷地で、中に畑まであった。

三週間ほどの吉林生活を終え、七月初め、ひさしぶりに四課に顔を出したところ、なんとなく雰囲気が違う。知った顔が見あたらないのだ。課員の大半がごっそり召集されて、いなくなっていた。根こそぎ動員の波は、満鉄にも押し寄せていたのである。

親しい穴沢一寿さんも北島さんの姿も見えなかった。男子社員は浜本課長と徴兵適齢前の青年だけ。それに女子職員も数えるほどで、かつての活気に満ちた四課の雰囲気は、すっかり消え失せていた。

第3章 最後の満鉄とソ連軍

ソ連参戦──私の対ソ戦のはじまり

一九四五年（昭和二十年）八月九日の真夜中、ぐっすり寝入っていた私は、ときならぬ空襲警報のサイレンで目を覚ました。つづいて爆発音を二回ほど聞いた。かなり遠い。庭に造りかけの小さな防空壕があったが、避難するまでもあるまいと、起きてきた宿泊先の知人の家族と話した。あとで聞くと、新京北東の新京監獄と中国人歓楽街に爆弾が落ちたのだという。

朝のラジオで、ソ連の参戦を知った。いよいよそのときがきた、と思った。

いつもより早めに出勤。ソ連の侵攻で、社内には緊張がみなぎっていた。さっそく、仕事がはじまった。地階の部屋だったと思う。そこの電話室で、交代で電話当番をやった。直通の鉄道電話だ。ひっきりなしにけたたましくベルが鳴る。そのたびに受話器に飛びつく。

「こちら○○（各当番者が名乗る）です」

「ソ連が迫ってきます」

早口でよく聞き取れない。やっとこれだけわかる。

「これで撤収します。さようなら」

差し迫った女子交換手の声が飛び込んでくる。事態はそこまで逼迫《ひっぱく》している。メモをとりながら、思わず息をのむ。

「わかりました。お元気で」

これがやっとだった。

つづいて隣の電話機が鳴る。交代するまで、何度同じやりとりを繰り返したことか。これが私の対ソ戦だった。九日は社に泊まり込む。

十日夕、いったん帰宅。宿泊先の知人の奥さんが待ちかまえていた。応召兵士の家族を疎開させるための集合命令が出たので、これから出かけるところだ、留守を頼むと言われる。半年近くお世話になった。家族の無事を祈って、送り出す。乳飲み子を抱え、小学生二人の子どもと夫人の妹の五人の家族は、暗くなった夜道を、近くの集合場所に急いでいった。

一行は北朝鮮に入ったが、そこで足止めをくらい、さんざん苦労したすえ、やっと内地にたどり着いたという。

あわただしくなされた満鉄家族の疎開

八月十一日朝、出勤途中の道路には、疎開するために新京駅に向かう市民があふれていた。駅前の広場には、持てるだけの荷物を抱えた市民が座り込んでいる。ほとんどが子どもづれの婦人だ。

満鉄の社屋に入ると、中があわただしい。満鉄社員の家族の疎開がはじまるという。すぐ浜本課長から声がかかる。いまから整備局第四課の家族の出発を見送りにいこうというので、同行する。

満鉄の社員社宅に着いたら、ちょうど四課の北島さんの留守家族が出発するところだった。北島さんは、根こそぎ動員か、それにつづく土壇場《どたんば》動員で召集されて不在だ。この春生まれたばかりの赤ちゃんを抱いた若い北島夫人は、まだ歩けないらしく、二輪車の荷台に乗せられていた。明るい色模様の、掻巻《かいま》き様のもので赤ちゃんを包み、しっかり抱きしめている姿がなんとも痛々しかった。

隣の社宅には、お年寄りの婦人の姿があった。体の具合が悪く、とても旅はできないから、このまま残るという。戦いの犠牲となる亡国の民族の悲哀を、まざまざと実感させられた。戦いに敗れるとはこういうことなのか、と。

満鉄家族の疎開列車は無蓋《むがい》車で、南新京駅から出発。行き先は朝鮮の平壌近くだという。

浜本課長はあちこちの家族に声をかけて、北島夫人を見送ったあと、べつの社宅に住む村岡正三さんのところに向かった。村岡さんは二階建て社宅の一階入り口のところに立っていた。すでに家族を送り出したところだという。いつもは元気で活動的な村岡さんだが、このときはしょんぼりした様子だった。

この日から四課員は、新京駅に近い浜本課長宅に合宿することになった。浜本邸は、二階建て独立家屋で、部屋数がいくつもあった。課長夫人はすでに疎開したあとで、単身となった浜本課長と四課の独身男子二人、女子社員二人の合宿生活となった。

十二日に出社すると、満鉄本部も移動することになったという。これは、関東軍からの、「満州国皇帝は臨江《りんこう》（鴨緑江畔《おうりょっこうはん》）に、政府および関東軍首脳部は通化《つうか》へ転進する。満鉄幹部も梅河口《ばいかこう》へ本部を移すべし」との命令によるもの。

怒濤《どとう》のようなソ連軍の侵攻に、とうとう足もとにも火がついた。事態は、まさしく関東軍司令部勤務の増崎先輩が危惧したとおりだ。

十三日に出発するというので、いったん自宅に帰って家の中の整理をし、リュックに身の回り品を詰め、戸締まりをしてわが家をあとにした。

日本敗戦をはっきり予感した市民の姿や虚しい抵抗の戦車壕

家を出てすぐ、近所の顔見知りのお嬢さんに会った。

「まだ疎開しないの？」

すると、

「父が病身で動けません。このまま残ります」

まもなく戦場になるかもしれないのにと思うと、身軽に動ける自分が、なにかうしろめたい気がしてならなかった。

近くの外交部前の道路では、土壇場召集で集められたらしい年配の兵士が、ツルハシを振るっていた。ソ連軍との市街戦にそなえて、道路に溝を掘って戦車壕《せんしゃごう》を造るのだという。どれほどの効果があるというのか。ツルハシを振り上げるその姿には力がなく、痛々しかった。

駅に向かう道路を、雇った馬車に荷物を積み、駅へと急ぐ市民の列がひっきりなしに通る。新京駅前では、初めて見る光景に目をみはった。そこには、列車に乗ろうとつめかけたものの、乗ることができず、荷物にもたれかかったまま呆然としている市民があちこちにたむろしている。このときほど日本の敗戦を予感し、みじめさを感じたことはない。

浜本課長宅に入って、翌日の出発の準備をする。夕食後、課長が大きな中国製の長持ちのいくつかを指さしながら、みんなを元気づけるように言った。

「なんでもやるから、好きなものを持っていけ。どうせ、ロシア人野郎に盗られるくらいなら、そのほうがましだ」

浜本さんは上海、北京、香港など中国各地の大都市で活躍しただけあって、長持ちの中には、センスのいい洋服や靴がいっぱい入っていた。夫人の長持ちも開けてみせた。若い女子社員は夫人の洋服に見とれていた。私はしゃれた靴を一足もらった。小柄な課長と足形が似かよっていたせいか、履き心地がよかった。みんなあわただしく疎開の準備をすませた。

「特急あじあ」の総裁列車が出発進行

八月十三日に出社すると、満鉄本部は出発準備で殺気立っていた。白いさらしを腰に巻いて、日本刀をぶちこみ、廊下を闊歩《かっぽ》している社員の姿も見かけた。これから戦場に行くという気分が

「あじあ号」――満鉄開発の高速機関車により時速 130km を記録した

みなぎっている。いつまでつづくかわからないが、ゲリラ戦になるのは必至だと思うと、緊張した気分にとらわれる。

四課の部屋では、まず給料が支給された。半年分だったか、一年分だったかは忘れたが、これはあとあとの生活にたいへん役立った。また社屋内の倉庫につれていかれ、好きなものを、好きなだけ持っていくようにと言われた。

ソ連軍が入ってきたら、中国人のあいだにまぎれ込んで、ゲリラ戦ということになる。そうなったら、住民と親しくなるのにいちばん役立つだろうということで、煙草《タバコ》を二カートンもらった。

右往左往しているうちに、いつのまにか日が暮れた。ひとしきり激しい雨が降った。ふと、駅前広場で乗車を待っている人たちは、どうしているだろうかと気になった。

夜遅くになって、浜本課長といっしょに列車に乗り込む。これは総裁列車だという。満鉄が誇る「特急あじあ」だったと思うが、座席の座り心地はとてもよかった。山崎元幹《もとき》総裁が何両目に乗っていたかはわからないが、満鉄本部の総務系統の局や整備局の職員などが乗ったようだ。

深夜になって、列車は発車。満鉄最後の総裁列車の出発となった。

同じ車両に、ほかの課の人たちも乗っていた。顔見知りも何人かいたし、村岡さんの顔もあった。車内は騒然として、みんな気がたかぶっている様子。そのうち、ひときわ大きな声が聞こえてきた。

「おれのところに赤紙がきたけど、もう行かなくてもいいんだろ?」

まだ召集令状が追いかけているのか、と思った。

列車は吉林を経由してから南下するという。新米の私には、どのへんを走っているのか、見当もつかない。通常は満人《まんじん》(満州国での中国人の呼称)の従業員が運転するのだが、この列車は日本人の社員が運転しているという。ダイヤにない列車なので、信号を変えながらの運行だとか、どうりで、ときどき不定時に、駅でもないところで停車した。

うとうととして目が覚めたら、線路がたくさん走っている操車場の引き込み線らしいところに停車していた。薄暗くなっていた。通化に近い梅河口というところだという。十四日の夜は、列車をホテル代わりにして一泊。

終戦のラジオ放送と満州国の崩壊

八月十五日の朝を迎えた。

ふと外を見ると、近くに水道があったので、列車ホテルから線路に降りて洗顔する。列車での生活がつづいたので、少しは慣れてきた。

昼前、ラジオで重要な放送があるからと言われて、列車から降ろされた。たくさんある線路をひょいひょいとまたいで集合場所に急いだ。

正午、放送がはじまった。天皇の放送だという。ラジオの音声に耳を澄ませたが、声はかすれてよく聞き取れなかった。それでも、とぎれとぎれ聞き取ったところから、終戦だとわかった。いつかその日が、と思ったことはあるが、とうとうその日がきたか、と思った。ただただ空虚な感じがして、言いようのない脱力感に見舞われた。

この玉音放送のあとの梅河口での一日間、どういう行動だったか、はっきりした記憶がない。十六日になって、総裁ら首脳陣が新京に引き返すことになり、本部職員もそれに同行して戻ることになった。梅河口で聞いた新京の状況はきわめて悪く、十五日夕方から、満州国軍（満軍）の反乱が激化し、市街戦に発展、邦人の生命や財産も危険にさらされているという。そのため、総裁一行が新京に戻るのは危険だという意見も出たようだが、結局、軍司令官がすでに新京に帰っている以上、満鉄幹部も帰るべきだということになったらしい。

こうして、十六日午後、梅河口を出発。深夜、新京に立ち戻った。新京は一部に混乱があったようだが、梅河口で心配したようなことはなく、平穏に戻っていた。

もっとも、この間の詳しい経緯はのちになって知ったことで、私自身は、わけがわからないまま、ただ浜本課長のあとに従ったまでである。

満州の地理に明るい村岡さんは、直接新京には帰らず、梅河口で別れて通化に向かった。

一方、満州国皇帝・溥儀《ふぎ》は、八月十三日一時半、新京を離れ、十四日通化省大栗子《だいりっし》に入っている。そして、日本の無条件降伏にともない、十八日に退位。満州国はここに十三年の歴史を閉じ、崩壊したのである。

満州国軍の反乱からあわや日本兵同士の市街戦

私たちはまた浜本課長宅に戻って、合宿生活に入った。みんな、疎開出発のときに課長からもらったものをみな返した。

十七日だったたか、十八日だったか、記憶は定かではないが、満鉄に出社した。そこには、土壇場で応召した整備局四課員の懐かしい顔ぶれがあった。灯が消えたようだった四課は活気を取り戻した。これが敗戦でなかったら、どんなによかったことか。

みんなの話は十五日前後のことに集中した。山崎満鉄総裁以下の満鉄本部とともに私たちが梅河口に向かった十三日から十五日にかけて、新京の治安は、満軍の反乱など非常に乱れ、梅河口で心配したように一部で戦闘もあったという。

野球がうまかった田中静雄さんが、そのときの模様を身ぶり手ぶりを交えながら話してくれた。将校の田中さんは、兵士を指揮してある市街地区の防衛を受け持った。夜になると満軍の反乱があって、市街戦になりかけるという緊迫した状況だった。

そのとき、相手方が発射する機銃音を聞いて、田中さんははたと気づいた。これは日本軍の機関銃の発射音によく似ている。そこで大声で叫んだ。

「オーイ、日本兵か」

すると、向こうから声が返ってきた。

「そーだ」

「そうか、つまらん、やめよう」

「そうだ、そうだ、やめよう」

あわやというところで、戦闘は停止になった。とっさの機転が功を奏し、日本兵同士の戦闘を免れた。当時は、訓練のため、満軍の中にも日本兵がいたらしい。

極秘命令「短波で日本のニュースをキャッチせよ」に応える

新京に帰って早々、浜本課長から指示があった。満鉄総裁公館に詰めて、短波受信機で日本内地のニュースをキャッチせよ、ということだった。

ソ連進駐後、巷では、日本兵狩りが頻繁に行なわれ、武器はもちろん、新京市民はラジオの所有も、聴くことも厳重に禁止されていた。発見されたら即座に処罰される。したがって、ラジオの傍受は、秘密裏に行なう必要があった。

その日の夕方近く、課長宅からそれほど遠くない総裁公館に出向いた。この年に入社したばかりの私にとっては、初めての場所だった。

課長から命じられた仕事の趣旨は、公館勤務の幹部職員にも伝わっていて、すぐ二階の食堂に案内された。そこの一角が私の仕事場になった。

窓際の棚の上に、さりげなくカバーのかかった品物があった。急いでカバーをのけてみると、中型の短波受信機だった。見慣れたラジオとは違い、ダイヤルがいくつもあった。機械音痴の私には、扱い方がさっぱりわからない。

とりあえずレシーバーを耳に当てて、電源を入れた。左右のダイヤルを回していると、最初はキーキー音だったのが、そのうち日本語の声が飛び込んできた。そのときのうれしかったこと。だんだん耳が慣れてきたので、夢中になってダイヤルを合わせていたら、いきなり大ニュース。はっきりと、「東久邇宮《ひがしくにのみや》内閣」という言葉をキャッチしたのである。

興奮しながらダイヤルを微調整して聞き入る。東久邇宮は英邁剛毅《えいまいごうき》な皇族として知られていた。とうとう皇族内閣ができたのかと、この一両日、打ちのめされていた気持ちがぱっと明るくなった。

さらに深夜までダイヤルを回して、日本の情勢をつかもうと必死に耳をそばだてた。ニュースの傍受はすんだが、夜間の通行は危険なので、夜はそのまま総裁公館に泊まった。短波受信機にカバーをかけて、食堂の備品に見せかけ、一階応接間のソファをベッド代わりに、公館から提供された毛布にくるまり、着の身着のままで朝まで横になった。

朝、そそくさと朝食をすませ、浜本宅に駆けつけて、この大ニュースを伝えた。課長もたいへん喜んだ。

さっそく出勤し、「満鉄お知らせ」第一号を書いた。課長の指示のもと、まず満鉄総裁訓示。

「満鉄社員は、邦人の内地遣送の日まで、鉄路を死守せよ」

そのあと、「日本に、東久邇宮内閣誕生」とつづけた。

これがガリ版で刷られたか、印刷されたかはわからないが、社員に配布されて、なにがしかの力になったのではないかと思う。

平島副総裁から一献勧められたエピソード

それからしばらくのあいだ、総裁公館通いが私の日課になった。夕方のまだ明るいうちに公館に入り、夕食をご馳走になってから、短波受信機の前に座り、日本からのニュースを傍受する。動作が目立たないように気をつけながら。

ある日、仕事場に向かったら、こちらの部屋で平島敏夫副総裁が食事をしていた。浴衣様の和服姿だった。剣道の達人と聞いていたが、背筋をシャンと伸ばした端然たる姿勢に、なるほどと思う。一礼をして、副総裁に背中を向けてラジオに向かった。まだニュースがはじまっていなかったので、レシーバーをはずすと、うしろから声がかかった。

「君、たいへんだな。ちょっとやりたまえ」

びっくりして振り向くと、副総裁が小さなコップを差し出している。これには面食らった。新入社員に満鉄の最高幹部からじきじきに声がかかるなんて。もじもじしていたが、再度、気さくに勧められるので、コップを手にした。ブランデーだったか、ウイスキーだったか、喉を通った液体はとてもいい香りで、思わず陶然となった。

お礼を述べて、またラジオに向かったが、頬がかっかと上気し、頭がもうろうとしてくる。ラジオが何を言っているのか、まるで聞き取れない。懸命に聞こうとしたが、やはりだめだった。しばらく頭を抱えて、酔いと格闘。それにしても、新人社員にまで気をくばってくれる副総裁の気持ちが、私にはとてもありがたかった。

短波傍受の仕事は、八月末で終わった。ソ連軍の進駐で、傍受がいっそう危険になったからだ。

男装などでソ連兵から身を守る日本人女性

八月二十日早朝、ソ連軍の先鋒部隊が新京に入った。薄汚れた草色の軍服を着たソ連兵は、その形から連想して「マンドリン」と称していた自動小銃を手にしていた。

ソ連軍の進駐とともに、新京のいたるところで略奪や暴行が横行し、街は騒然となった。日本人たちは、いずれも自分の家屋を厳重に警備した。

玄関のドアや窓には二重に板を打ちつけ、さらに針金をめぐらした。そのうえ、家族や知人のあいだで合図を決めて、容易にはドアを開けないようにした。

ちょうどそのころ、北朝鮮に入っていた満鉄家族が、新京に引き返してきた。生まれたばかりの赤ちゃんを抱えて悲壮な疎開をした北島夫人も戻ってきた。応召した北島さんがまだ返ってこないので、北島夫人は浜本課長宅で暮らすことになった。これで浜本邸には、先に帰っていた満鉄女子社員二人とあわせ、女性が三人になった。

それにしても、ソ連兵の横暴なふるまいはひどかった。戦闘の先陣には囚人部隊を使ったといわれるくらい、そのすさまじい暴虐ぶりに、日本人市民は戦々恐々とした。物盗りと女性が彼らの狙いだというので、日本人女性はみな服装を目立たない地味なものにし、とくに若い女性は、このままでは危ないというので、髪を短く切って男装する人も少なくなかった。

課長宅でも、まず女子社員、ついで北島夫人が髪を切ることになった。頼まれて、裁縫鋏《さいほうばさみ》を使ってはじめたが、女性の頭髪は油分が多いせいか、鋏がすべってなかなか切れない。私は右手が不自由なので、なおさらてこずった。

そんなある日、応召していた北島さんが、ひょっこりと浜本課長宅に姿を見せた。ソ連侵攻のため、夫婦、親子が離ればなれになっていたところを無事に再会、スヤスヤと眠っている赤ちゃんに寄り添う北島さんの姿に、みんな、心から喜び合った。

ソ連兵の略奪に物わかりがいいソ連将校があわや兵を射殺⁉

ソ連兵の略奪は徹底していた。とくに腕時計を見つけると、必ずといっていいほど奪い取った。それは兵士だけではなかった。ある日、課長宅の前を一台の馬車が通った。将校帽子に将校マントをはおった将校がふんぞり返って乗っていたが、その馬車には、略奪品が山と積まれていた。そのうちに、満人や朝鮮人が案内役として手引きするようになった。日本人の習性を心得た彼らが手引きし、執拗に家捜しをするため、略奪はさらに徹底的になる。それで味をしめた満人が、今度はソ連兵なしで単独でやってくるようになった。

もっとも、ソ連の軍人がすべて暴虐非道だったわけではない。

ソ連軍の新京進駐と同時に、ソ連野戦鉄道関係の将校が新京にやってきた。主任のボンダレンコ中佐は鉄道の専門家で、ものわかりがよく、交渉のときには、満鉄はとても助かったようだ。ボンダレンコ中佐のことは、整備局第四課の野崎義夫さんによく聞かされた。ロシア語のエキスパートである野崎さんは引っ張りだこで、新京駅に詰めっきりで奮闘していた。

野崎さんがボンダレンコ中佐に、ソ連兵士の略奪がひどいため、満鉄従業員が家をあけて出勤することができず、鉄道の作業にも支障をきたしている、と訴えたところ、中佐が従業員の家の安全は保障すると言っていたというので、私たちはおおいに意を強くした。

ある日、私が浜本宅にいたとき、ソ連兵士が一人でやってきた。以前、満人に案内されて略奪していった兵士たちの一人だが、それに味をしめてか、今度は単独でやってきたのである。私たちは前の略奪に懲《こ》りて、浜本課長のめぼしいものは地下の倉庫に隠しておいた。そのうえ、入り口の扉は厳重に釘づけしておいたので、ここならよもや発見されることはあるまいと思っていた。ところが、このソ連兵は家中を捜しまわったあげく、とうとうこの地階倉庫の入り口に目をつけ、叩き壊そうと、ドンドンと叩きはじめた。

これはいけないということで、課の若手が急を告げるために、新京駅の野崎さんのところに走った。そうこうしているうちに、泥棒ソ連兵士はとうとう地階倉庫の扉をこじ開け、意気込んで階段を降りていった。私は家の前で、野崎さんが来るのをいまかいまかと待っていた。

まもなく、野崎さんといっしょに、ソ連軍人にしては小柄なボンダレンコ中佐が駆けつけた。腰の拳銃に手を添えており、いかにも気合が入っていた。すぐ中佐を室内に案内する。

中佐がきたのにも気づかず物盗りに夢中になっていた略奪兵士は、すぐ捕まった。中佐はすでに拳銃を抜いて手にしている。兵士が屋内で処刑されることにでもなったらたいへんだというので、私たちは庭に出た。

すると突然、トイレの高窓から、泥棒兵士が猛烈な勢いで飛び出した。裸足で、帽子もかぶっていない。

「あっ、逃げた。あっちだ」

私は夢中で、兵士の逃げた方角を指さして、ボンダレンコ中佐に教えた。しかし、中佐は拳銃をベルトにおさめると、なにごともなかったかのようにすたすたと帰っていった。

あとに残った野崎さんが説明してくれた。

ボンダレンコ中佐は取り押さえた兵士に、靴を脱ぐよう命じた。ソ連では、靴を脱がせるのは処刑を意味しているのだという。兵士は泣きながら、トイレに行かせてくれと頼んだ。中佐は、トイレの前で横を向いて立った。そのすきに兵士が窓から逃げたという。あれは中佐がわざと逃がしたのだろうという。

私たちは、泥棒を追い払ったことと、屋敷内にソ連兵士の死体が残らなかったことにほっとした。

ソ連軍の中には、なかなか粋な正義漢もいたものである。

家をなくした人たちでわが家が梁山泊《りょうざんぱく》に

まもなくして、浜本課長の奥さんが帰ってきた。私は総裁公館の短波放送傍受も打ち切りになったので、それまで留守にしていたわが家に戻った。

私が宿泊させてもらっていた同郷の知人は歴史学者で、顔が広かったため、私が留守にしているあいだにも、敗戦によって自分の家がなくなって困っている人が、何人か頼ってきて入っていた。

私は留守を預かったかたちだが、出征しているご主人がいたら当然しただろうと思って、困っている人をできるだけ受け入れることにした。三部屋の、あまり広くない家がいっぱいになった。娘さんをつれた小学校の校長先生はじめ、男五人、女一人の合宿生活がはじまった。

炊事は校長先生の娘さんがしてくれた。男たちは、毎夕食には、白酒《バイチュウ》をあおりながら、これからのことで侃々諤々《かんかんがくがく》の議論がつづいた。さながら梁山泊の観があった。

玄関も窓にも板を打ちつけ、針金をめぐらせていたのは課長宅と同じだ。だが、課長宅のあった住宅街に比べると、ソ連兵の略奪はそれほどではなかった。ソ連の憲兵隊による取り締まりもはじまって、治安もいくぶん回復してきたせいかもしれない。

ただ、近くの外交部の建物にはソ連の部隊が駐屯しており、塀越しに自動小銃を構えた兵士がいつもこちらをにらんでいる。うっかり彼らに捕まったら、長時間、薪割《まきわ》りなどの使役にこき使われる。だから、外出するときは、いつもそのそばを避けて、遠回りして出かけた。

溥儀の脱出行での日本遣送が失敗

九月に入っていたと思う。ある日、家にいたら、玄関の戸を叩く音がする。聞きなれた声に戸を開けると、関東軍司令部の増崎先輩が立っていた。軍服ではなく、協和会服のような私服を着ていた。

「溥儀を日本に送るため出かけた。ところが、傅儀が祖先の眠る奉天《ほうてん》（瀋陽《しんよう》）に寄りたいと言ったので、まっすぐ日本へ飛ばず、奉天に行ったら、「飛行場でソ連軍に捕まってしまった」いかにも残念そうな口ぶりだった。

溥儀がなぜ奉天に行ったかについては諸説あるが、私は増崎さんが言っていたように、溥儀が、日本に行く前に祖先の墓参りをしたいと願ったという説をとりたい。奉天には清朝歴代の祖先が眠っている。

数奇な運命の人といわれた溥儀の、八月十五日前後の足取りを追ってみよう。

十五日、溥儀は通化省大栗子で、昭和天皇の終戦の放送を聞く。十七日、満州国の首脳会議で、皇帝退位と満州国の解体が決定。十八日午後、溥儀が退位の詔書を発布して、満州国は終焉《しゅうえん》を迎える。

このとき、皇帝の身の振り方については、皇帝の希望で東京へ行くことになっていた。出発は十九日早朝。通化まで列車で行き、通化から小型機で朝鮮の平壌へ飛び、そこで大型機に乗り換えて東京へ行く段取りだったという。

しかし、実際には、皇帝一行は通化から関東軍の小型機二機に分乗して奉天に向かった。そして、奉天の飛行場に着陸したとたん、空から進駐してきたソ連軍に見つかってしまい、そのまま身柄を拘束されてしまったのである。

当初の計画どおり進んでいたら、ラストエンペラーもあの時点でソ連に捕まることはなかったのではないかと思うと、つくづく運命とは不可思議なものと思う。

増崎さんとは積もる話があったが、急いでいるようだった。

「これを預かってくれるか」

増崎さんは、抱えてきた将校行李《こうり》を置き、胸を張って立ち去った。行李には、将校マントと新しいカーキ色の服地一着分、それに新品の編み上げ靴一足が入っていた。

満鉄の最後とソ連統治下での重要残務

満州国が崩壊し、関東軍が消滅したとき、満鉄の運命はどうなったのであろうか。

前述したように、八月十五日に梅河口で終戦のラジオ放送を聞いた山崎元幹満鉄総裁は、そのまま新京の満鉄本部に引き返し、十七日、関東軍司令官・山田乙三《おとぞう》大将と会見した。

その結果、満鉄総裁は、満鉄の全機能を挙げて終戦処理に邁進することを確認するとともに、重大な責任を負うこととなった。

八月二十日、ソ連軍司令官コバリョフ大将と新京駐屯軍司令官カルロス少将が新京に到着した。そしてこの日、満鉄総裁とソ連軍司令官のあいだで、息づまるような歴史的な会見が二回、深夜にわたって行なわれた。この会見で、「満鉄従事員は現職に留まる。満鉄は元の体制のままでソ連軍に協力する」などの約束が成立した。

この合意が混乱した満州の状況に秩序を与え、その後の終戦処理をたいへん容易にさせたといえよう。このあたりの経緯については、満鉄会編『満鉄最後の総裁　山崎元幹』に詳しい。

九月一日から、新京の名を廃して長春とする布告が出された。街がいくらか落ち着きを取り戻してくると、吉野町、ダイヤ街、三中井デパートの横通りなどに露店が出はじめた。

おでん、焼き鳥などの飲食店から、食料品、雑貨、衣料等、日本人の売り食いの品も多く、また奥地からの難民たちによるそばや餅、だんご、あるいは、煙草の葉を辞書の紙で巻いてつくった手巻き煙草などの立ち売りも並んだ。小麦粉を鉄板に流して焼き、あんを巻いたあん巻きは私の大好物で、出勤の帰り道などによく買って食べた。

八月二十七日に重慶とモスクワで中ソ友好同盟条約の締結が発表された。その中に、中ソ合弁の「中国長春鉄路公司《テイルークンス》」（通称・中長鉄路《ちゅうちょうてつろ》）設立の件が報じられていた。これは満鉄の解体を意味するものであった。

九月二十二日、中長鉄路（鉄道）のソ連代表カルギン中将が長春に到着、中長鉄路理事会の副理事長に就任、いっさいを指揮することになった。これによって、鉄道の運営権は、満鉄から中長鉄路公司に移行されたのである。

九月二十八日、満鉄新京本部の玄関に掲げられていた木製の大きな標札が取りはずされた。満鉄の歴史は、この日をもって最後のページを閉じることになった。

とはいえ、旧満鉄の役割が終わったわけではない。理事会のもとに、山崎総裁を最高顧問、平島副総裁と理事たちを顧問とする顧問団をつくり、専門家、通訳を含む満鉄職員二百八十名が理事会職員として、中長鉄路理事会の要請に応えるよう努めた。

理事会職員には、カルギン中将発給の身分証明書が交付された。通訳班は十名で、中国語班に私も加わったが、証明書は中国語とロシア語で印刷されていて、服務地、職名、姓名、有効期間が記載されていた。カルギン中将のサインと、「軍、警察および各機関には協力と保護を与えられたし」の文言によって、この証明書は終戦直後の混乱期、当人の安全確保のみならず、同胞の危難脱出支援に絶大な力を発揮した。

こうして四十年の歴史をもつ満鉄は姿を消したが、形こそ変われ、唯一の組織体として残った旧満鉄は、「鉄路を死守せよ」を合言葉に、一九四六年からはじまる邦人同胞の祖国帰還に、献身的な貢献をはたしたのである。

理不尽だらけなソ連の支配

中長鉄路勤務のソ連人民交通部職員は、濃い草色に金色の階級章をつけた軍服ではなく、黒の詰め襟服に銀色の階級章をつけていた。その中に、いつももったいぶった物言いをする中年の主任級の職員がいた。

当時、私は増崎さんからあずかった将校行李の中の将校マントは、見つかると物騒なので、カーキ色を藍色に変え、形もつくりなおそうと考えて、そのころ商売をはじめていた日本人難民の染物屋《そめもの》に出しておいた。

新品の服地一着分は、家に置いておいたのでは、いつ略奪されるかわからない。いろいろ考えたあげく、ここなら絶対安全と中長鉄路の勤務先に持ってきて、机の引き出しの奥深くにしまい、これで安心とひと息ついていた。

ところが、それから数日後、あのいやらしいソ連の主任が部下をつれてやってきた。そしていきなり、勤務中の日本人職員を起立させた。機密書類を隠匿《いんとく》していないか調べるのだという。これはまずいことになったと思った。

重要書類は預かっていなかったが、あまりに急なことなので、服地をほかに移すひまがない。みんなが固唾《かたず》を呑んで見守る中、彼らは各自の机を検査しながら、とうとう私の机の前までやってきた。生地は下のほうに入れておいたが、引き出し自体はそんなに深いものではない。とうとう見つかってしまった。

主任はもっともらしい手つきで生地を取り上げた。

「それは私物です」

私は訴えたが取り合ってくれない。ロシア語が堪能な頼みの綱の野崎さんがいなかったので、それ以上の説明はできない。主任は目を光らせながら、なにやらぶつぶつ言っている。

「いちおう預かる。調べてから返す」

そばにいた人が、通訳して教えてくれた。

主任はあとの人の机の検査はせずに、急いでその生地を持ち去ってしまった。このあと、野崎さんに抗議と問い合わせをしてもらったが、結局、この生地は返ってこなかった。この泥棒め、と舌打ちするのが関の山だった。

また、こんなこともあった。ある日、私たちの執務室で尋問が行なわれ、ソ連の将校と通訳が、満鉄職員に質問しはじめた。

少し離れた場所の応接用の椅子に、憲兵大尉の肩章をつけ、季節はずれの防寒帽をかぶった将校が座っていた。明らかにモンゴル人だったが、彼はただ無言で尋問の様子を見守っているだけだった。

そのうち、尋問はなにごともなく終わり、尋問した将校と通訳が立ち去っていった。緊張して見守っていたみんなが、安心してささやきあった。それからやや遅れて、無言のままだった憲兵大尉もゆっくりと立ち去っていった。

ソ連兵が完全にいなくなってから、野崎さんが声をひそめてみんなに言った。

「ああいうとき、日本語の私語を交わしてはいけない。あの憲兵大尉は黙っていたが、日本語がペラペラで、みんなわかる。うっかり打ち合わせでもしていたら、とんでもないことになるよ」

まったく油断もすきもあったものではない。

日本敗戦後、ソ連は満州のめぼしい産業施設をことごとく運び去った。毎日のように、物資を満載した貨車が、北に向かって発進していった。資料の作成など、それらに最も協力させられたのが、ロシア語の堪能な旧満鉄の社員だった。

それまでにも政府、協和会の要人や、軍人狩りなどで戦犯容疑者は逮捕されていた。ところが、ソ連に協力させられていたロシア語の堪能な人たちまで、使われるだけ使われたあと、いっせいに逮捕されたのだ。まさに、恩を仇《あだ》で返すとはこのことだ。野崎さんも例外ではなかった。

大量の関東軍将兵のシベリア送りといい、終戦時のソ連は理不尽だらけだ。

危うく兵隊狩りにあいかけたひととき

ある日、勤務が早めに終わったので、帰途についた。途中、前に染物屋に出しておいた将校マントを受け取り風呂敷に包んで、目立たないように上に布きれや古新聞を重ねて抱えて歩いた。大通りの歩道を歩いて十数分のところで、左側の空き地になにやら人だかりがしている。なにげなくそちらに足が向いた。

数人の私服の中国人が日本人を使って作業をしている。武器でも捨ててあったのか、井戸のような穴からなにか引き上げようとしている。指揮をしているリーダー格の男は、ピストルを手にしている。

いけない、と思ったが、遅かった。若いのがこちらに向かってしきりに手招きしている。向きを変えたら、かえって怪しまれる。しかたなく近づいていくと、作業を手伝えという。ますますまずいと思った。

だいたい、私は右手が不自由で、労働できる体ではない。しかも、そのときは、将校マントを持っていた。色は染め変えたが、形はもとのままだ。所持品検査をされたら、兵隊狩りの格好の対象にされてしまう。

もじもじしていると、若いのがつかみかからんばかりにせかす。そこで、私はリーダーらしいピストルを持った青年に言った。

「私は鉄道員だ。私がいなかったら、汽車が動かなくなってたいへんだぞ」

男はじっと顔を見ていたが、「うん」とうなずいた。

ほっとした。が、あわててはまずいと思い、できるだけゆっくりした足取りで、その場を立ち去った。このころは兵隊狩りが盛んだったし、あいにくカルギン中将発給の身分証明書は携帯していなかったので、所持品検査をされていたらたいへんだった。

通りでは、なにも知らずに歩いてくる日本人が、また呼び止められていた。スリルに満ちたひとときだった。

戦犯狩りはわが家にも踏み込んできた

終戦の年、一九四五年の冬が駆け足でやってきた。

粉雪が降ったかと思ったら、翌朝は一面の銀世界。明るい話題がないまま、いたずらに時間が過ぎていた。

わが梁山泊は相変わらずで、男性たち三人が毎晩のように強い白酒をあおっては、甲論乙駁《こうろんおつばく》で夜がふけた。

このころ、協和会のチチハル地区を担当していた愛媛《えひめ》さんという人が滞在していた。新京に出張していたときにソ連軍が侵攻、留守家族を案じながらも帰れないでいた。ロシア語の堪能なソ連通で、梁山泊でも尊敬されていた。

ある日の夕食のことだった。私は早めにすませて自分の部屋に引っ込んでいた。突然、玄関のドアを激しく叩く音。あまりの激しさにだれかが開けたところ、ソ連の将校が二人、ずかずかと踏み込んできた。そして、まだほかの人が食事をしている奥の部屋に入っていった。

私は聞き耳をたてていたが、なんのことかわからない。しばらくして、将校二人に挟まれて、愛媛さんが出てきた。将校たちはそのまま愛媛さんを外に停めてあった馬車橇《ばしゃぞり》に乗せて立ち去った。

私は急いでオーバーを羽織り、あとを追ったが、シャンシャンと鈴を鳴らしながら走る馬車橇の姿をまもなく見失ってしまった。戻ってから聞いたところでは、部屋に入ってきたソ連将校は、そこにいた一人一人に名前を聞いたという。そして、愛媛さんの名前を聞くや、

「おまえだ。ちょっとこい」

最初から愛媛さんを捜して踏み込んできたらしい。

当時、新京では兵隊狩り、戦犯狩りがさかんに行なわれていたが、それまで敗戦の経験がない日本人は、追われたときの対策に慣れていない。身に覚えのある人は変名を用意していたが、それには周囲とよく打ち合わせをしておかないといけない。ふだんから変名を使い慣れていないと、

いざというときに、すっと出てこない。愛媛さんも、とっさのことで、つい本名を言ってしまったらしい。

ともあれ、身近なところからも犠牲者が出てしまった。

関東軍司令部にもいた立派なサムライたち

旧満州、中国東北地方の冬は早い。十一月の末だったと思うが、この日は朝から雪が降っていた。広い新京駅前の道路も白一色だ。

このころには仕事らしい仕事もなかったので、早めに切り上げて、満鉄ビルの前に出た。相変わらず雪の舞う路上に、一台の大型トラックが停車していた。ふと見上げると、日本軍の将校がいっぱい乗っている。いまごろなんだろうと目を凝らして驚いた。

すぐ目の前、トラックの最後部に仁王立ちになり、軍刀に手を添えて、新京駅のほうをきっとにらんでいるのは、なんと増崎先輩ではないか。中尉の軍装で帽子もかぶっている。

「あっ、増崎さん」

思わず出かかった声を、呑んだ。そして増崎さんの隣に立っているのが、これまたなんと先輩の石田三郎さんだ。満州国外交部の領事とばかり思っていた石田さんがつけていた階級章は、少佐のそれだった。

新京の新年会のあと、「どちらにお勤めですか」と聞いてたしなめられたのは、このことだったのだ。

乗っているのは、みな関東軍司令部の将校。あの非道なソ連軍の捕虜になるのだ。八月十五日後、ソ連の捕虜になるのを嫌って、民間に潜伏、身を匿《かく》した軍人もかなりいたはずだ。

増崎さんも私に気づいたようだ。言葉をかけようとしたが、声にならない。軍帽に、雪が落ちてくる。どちらもまばたきもせずに、トラックの上と下で見つめあうばかりだった。

それが何秒だったか、長い時間だったような気もするが、凍てつくような気持ちは、寒さからばかりではない。降りしきる雪の中、トラックはエンジンの音をたてて立ち去った。私は茫然と立ちつくした。

「増崎さん、増崎さん」

心の中で必死に叫びながら。

このとき私は、

「関東軍敗れたり」

を実感した。同時に、関東軍については歴史の評価にまつとして、関東軍にも立派なサムライがいたことを知った。

一年後に帰国してから、このときの模様と、将校行李を預かったときの経緯などを記して、先に帰国していた増崎夫人宛に手紙を出した。折り返し、夫人から手紙がとどいた。

「今日はなんというれしい日でしょう。工藤さんからお手紙をいただいたのと同じ日、シベリアの主人から『心身ともに健全であるから安心するように』との便りがとどきました」

危機一髪の脱出で住居を転々

「おい、工藤君、起きろ」

　ぐっすり寝入っていた私の枕元で、声がした。驚いて寝ぼけまなこをこすりながら見上げると、先輩の村岡正三さんが立っていた。

「四課が危ない。すぐ逃げなくては」

　私の古巣、整備局四課の課員の家にソ連軍の手入れがあって、軒並み挙げられているというのだ。彼らの手口はこうだ。

「もし、もし」

　満鉄社員の家のドアがノックされる。のぞき窓からこっそりのぞく。知った同僚が立っている。安心してドアを開けると、うしろに隠れていたソ連兵が、拳銃をかざしながら顔を出す。そして、捕まってしまうという。

　ソ連侵入後、日本人はみな警戒して、ドアを厳重に囲い、防御を固めて、それぞれ符号や合図を決めて、知っている者以外にはドアを開けないようにしていた。

　そこで、ソ連のその後の手口は、だれか一人を捕まえると、その人を囮《おとり》にして案内させ、芋づる式に挙げようとするのだ。囮にされた人は、拳銃をつきつけられ、いやいやながら戸口に立たされる。ソ連兵にはたいてい満人か朝鮮人が通訳としてついていたが、その追及の手がとうとう四課にもおよんできたのである。

噂には聞いていたが、私のような新参者までマークされることはあるまいとタカをくっていた。しかし、課員がねらわれているとあっては、員数合わせに、踏み込んでこないともかぎらない。村岡さんにせかされて、大急ぎで服をまとって、家を飛び出した。

冬の早朝、雪道をすべりながら急いだ。かなり歩いたと思うころ、とある家についた。村岡さんについて入る。そこは穴沢一寿先輩の家だった。

そこは満鉄の社宅ではなく、穴沢さんが軍隊から復員後に移った家で、ごく一部の人にしか知られていないようだ。まずはほっとした。

部屋に入ったところで、また驚いた。浜本課長が夫人といっしょに座っていた。やはり村岡さんの手引きで、急遽、避難してきていたのだ。四課が標的にされたとあってか、いつもは精気にあふれている浜本課長も、いくらか沈んで見えた。しかし、そのうち、いつもの活気ある課長の姿に戻っていた。

穴沢さんの家には、もう一人の人がひそんでいた。顔を合わせないようにしていたが、関東軍司令部の将校で、中佐ということだった。大物二人との同居になった。
二、三日、穴沢さんのところにお世話になっていたところ、また、村岡さんが顔を見せた。そしてこうささやいた。

「ここにいて、一網打尽になってはまずい。君はすぐべつのところに移ったほうがいい」

村岡さんは神出鬼没。まことに頼りがいのある先輩だ。言われるまま、お礼もそこそこに穴沢さん宅をあとにした。

こんどの潜伏先は、三中井《みなかい》百貨店裏の満鉄社宅だった。箱型の二階建て、向かい合わせ四軒の住宅で、ここの主は村岡さんの仲間の菱田芳三郎氏。満鉄新京駅の運転助役だった人だ。

一軒の部屋数は、八畳二間、六畳、四畳半の四間。菱田さんは二階東側の一軒に、私は向かい合わせ、二階西側の家に住むことになった。菱田さん宅は、夫妻と満鉄青年隊の若者三人、女子職員一人が同居。

私が入った西側の家には、チョビ髭をはやした気むずかしそうなご主人と口やかましい老夫婦と、一人の婦人が住んでいた。私はその六畳間に住んで、食事は朝夕、菱田さんのお宅でご馳走になった。

チョビ髭のご主人は毎日、八畳間で前掛けをしめ、石炭の粉を木製の木型に詰めては上から押して、豆炭をつくっていた。それをモンペ姿の婦人が橇《そり》に乗せて、どこかへとどけていた。

翌年春。どうやら身の安全に危険がなくなったころになって、口の達者なおかみさんが自分たちの素性を明かしてくれた。チョビ髭のご主人は、北方国境地帯地区の警察署長、モンペ姿の婦人は応召した部下の奥さんだという。警察官一家にとって、この満鉄社宅は格好の隠れ家だったわけだ。みんないろいろと工夫をしては、ソ連軍の追及の手を逃れていたのである。

私はここに身をひそめてから、中長鉄路への出社は見合わせた。そして、四課を襲った逮捕の嵐が過ぎ去るのを待った。じつに村岡先輩のおかげである。

ソ連軍からの逃避行での要人救出を手伝う

敗戦を機に、村岡正三さんは水を得た魚のような活躍ぶりをみせた。私の危局を救ってくれたばかりではなく、日系大物の逃避行にも大きな力を発揮した。

八月三十一日、元満州国国務総理大臣・張景恵《ちょうけいけい》をはじめとする満系大物がいっせいに逮捕された。さらに九月から十月にかけて、逮捕の矛先は日系に伸びた。

ソ連軍のねらいは、政府から協和会関係者、警察、憲兵、情報機関と多岐にわたった。これらの人たちは、身の危険を感じて逃避を企てた。しかし、日本人の旅行が禁止されていた当時、長春からの脱出はきわめて困難だった。そこで、中国語ができて、鉄道その他沿線の事情に明るい者の同行が求められた。

中国語に堪能なだけでなく、かつて駅務員、車掌、駅助役などを経験し、鉄道輸送現場に詳しい村岡さんは、ぴったりの人材だった。

そのうえ、威力を発揮したのが、中長鉄路理事会副理事長・カルギン中将のサインがある身分証明書。これは満鉄マンとして、鉄道現場を知り尽くした村岡さんにとっては鬼に金棒だった。

村岡さんが依頼された逃避行の軍人、政府、協和会等の要人たちの行き先は、奉天（瀋陽）や大連が多かった。しかし、これは一歩誤れば、本人ともども逮捕されて、シベリア送りとなる。命懸けの冒険だった。その綱渡りの逃避行を一回の失敗もなく、すべて成功させたというのだから、すごいものである。本人はあまり多くを語りたがらないが、危機に瀕した日本人を救った隠れた功労者である。

私もちょっとだけだが、逃避行の手伝いをしたことがある。なにもおめおめと同胞をソ連軍の手に渡すことはないという村岡さんの趣旨に賛同したからだ。

旅行を禁じられている日本人を、どうやって列車に乗せて南下させるかが問題だったが、その一つの方法として考えられたのがこの手だ。

当時、列車乗務員は朱色の満鉄マークが捺《お》された腕章を巻いていた。レールの断面図と満鉄のイニシアルのＭを組み合わせたマークだが、私の役目は、その腕章の複製である。

正規の腕章を手本にして、製作にとりかかる。腕章の生地は、婦人の帯芯《おびしん》の白い固い布を使った。それに筆を使って、朱墨で満鉄マークの図案を描く。一晩がかりでやっと一枚を仕上げた。

打ち合わせておいた気心の知れた若手車掌に付き添われ、私が仕立てた腕章を着けた要人が、にわか車掌になりすまして難関をすり抜け、無事に大連に着いたと聞いたときは、うれしかった。

腕章は何本か複製したが、何回お役に立ったかは知らない。

一九四五年の暮れ、浜本課長の身辺があわただしくなった。ソ連側の協和会や対ソ思想戦関係の日本人狩りが熾烈《しれつ》になり、浜本課長もマークされるようになったのである。このままではまずいということで、長春脱出を図ることになった。救出に乗り出したのは、やはり村岡さんだった。浜本邸に泊まり込んで、綿密な計画を立て、年明けの二月ごろになって、奉天経由大連行きの逃避行を成功させたという。

内地遣送を待つ日々——にわか商売のとんかつ屋

一九四六年の正月を迎えた。敗戦の痛手にあえぎ、あてのない内地遣送を待ちながら、現地の日本人はそれぞれに自活の道を模索しはじめた。住宅の一角に喫茶店や理髪店を開店させる者もいた。吉野町などの繁華街では、飲み屋も出現した。あちこちの路上には、日本人の露店が軒を連ねるようになった。

ソ連軍当局による整備局四課への追及も下火になってきたことだし、私たちもこのままではいけない。内地遣送がはじまるまでなにかしなければ、との声が出てきた。

菱田さんの発案で、料理が得意な奥さんをコックにしてとんかつ屋をはじめることになり、私も露店づくりを受け持った。

四課の画家・北島さんを訪ねて相談。当時、北島さんは絵筆をふるって、看板屋を開いており、折からの出店ブームで商売は大繁盛していた。私の話を聞いた北島さんは、大喜びで協力してくれた。

「まかせてください。銀座にあるようなスマートな店にしましょうよ」

江戸っ子画伯は頼もしかった。そのデザインは、片流れの屋根に、小窓のあるロマンチックな小屋だった。テックスの外壁にブルーのペンキを塗り、上から三〇センチ間隔に細い板で押さえ、黄色のペンキを塗る。間口一間半、奥行き一間のこぢんまりしたものだった。

大工仕事は、下の階に住む稲荷健三さんが引き受けてくれた。小屋の枠組みは二日でできた。北島さんがやってきて、商売用のペンキをふんだんに使って塗ってくれた。入り口には、ベニヤを愛敬ある子豚の形に刳《く》りぬき、赤と金のペンキで仕上げた看板が掛けられた。とてもにわか仕立ての露店とは思えない、見るからに垢抜けした小屋ができた。まさしく、銀座に出してもおかしくないほどのできばえの露店だった。

このスマートな外見に対し、店の中は四人がけのカウンターをつくり、調理用に鉄製のストーブを置いただけだった。

材料の豚肉は、菱田さんが毎日、満人街のにわか市場に出かけて仕入れてきた。それを毎晩叩いて筋をのばし、下ごしらえした。

店を出したのは、満鉄社宅から十分たらず、三中井ビルに近い大通りから入った横丁で、手ごろな場所だった。

毎朝、ストーブと薪、中華鍋、材料を積んだ橇を引っぱって、菱田夫人と店へ行く。店を開けてから、まずストーブに火をつけ、薪を放り込む。私の役目はそこまで。調理はもっぱら菱田夫人が腕をふるった。

お客は日本人が目当て。営業中の私の役目は、ご飯をよそって出すこと。そのほか、不良ソ連軍人や満人にそなえる用心棒も、私のもう一つの役目だった。

開店後、二、三日して、ボチボチお客がついてきた。まずまずの成績で、売れ残ったときは、夕食のおかずになった。商品を食べてみると、とてもおいしい。夫人の腕は抜群だった。

ある日、一人の満人が顔をのぞかせた。お客かと思ったら、いきなりいちゃもんをつけだした。しかし、とりあわずに、二言、三言やりとりしているうちに、あきらめて立ち去った。

一ヵ月たち、二ヵ月目に入って、商売もようやく軌道に乗ってきた。そんなある日、店じまいをして戸締まりをし、菱田夫人といっしょに店を出た。用心のため、ストーブはいつも持ち帰っていた。この日も、ストーブを積んだ橇を引いて、雪道を帰途についた。

と、四、五分歩いたとき、一人の若いソ連兵が近づいてきた。面倒なことにならなければいいがと思ったが、なにせ重い橇を引いているので、あまり急げない。しかも、こちらが足を速めると、向こうも急いでついてくる。ゆっくりにすると、向こうもゆっくり。そうやっていつまでもあとをつけてくる。ますますまずいと思った。私たちの家はもうすぐだったが、家までついてきて知られたらことだ。

そこで、夫人と示し合わせて向きを変え、遠回りをした。そして夫人を先に行かせ、私はことさらゆっくりと橇を引いた。家並みの曲がり角で夫人は姿を消し、私はわざと人通りの多い大通りに出た。そこでソ連兵はあきらめたのか、姿を消した。それから急いで帰宅。夫人が先に帰っているのを確かめて、やっとひと安心した。こういうことがあると、これからも危ないということで、私たちのとんかつ屋は、この日かぎりで閉店にした。

甘党屋への衣替えや一杯呑み屋の登場

そのうち、道路の雪が溶けだして、満州にも遅い春がやっときた。

ところで、例のとんかつ屋の小屋をそのまま寝かせておくのはもったいない、なにかよい方法はないかと考えた。いろいろ話し合った結果、小屋の大工をしてくれた稲荷さんとコンビで、甘いもの屋をやることになった。

甘党の私は、甘いものの味見には自信がある。小豆を煮て、甘さ加減は私の舌が尊重され、砂糖の加減をした。こうして甘党屋が店開きする運びになった。

北島さんが描いてくれたとんかつ屋の看板に紙を貼って、甘党屋の看板に変えた。稲荷さんが白玉をつくり、白玉ぜんざいを売り物にした。

これが受けた。店を開けて早々、つくった材料はほぼ売りつくした。とくに若い娘に受けた。

「今日、これで三回目よ」

一日に何回も顔を見せてくれる常連の娘さんには、サービスして餡《あん》をたっぷり盛った。

稲荷さんは、私の小屋の隣にも、簡単な小屋をつくった。ここには、この春から同居している吉村竜雄さんが店を構えた。一杯呑み屋だ。吉村さんは早大剣道部出身の剣豪。長身の偉丈夫で新京駅の貨物助役をしていた。前からよく顔を合わせていて昵懇《じっこん》の仲だ。吉村さんは仕入れてきた日本酒の一升瓶をカウンターにどんとすえ、コップをそばに置いたが、甘いもの屋ほどの繁盛はなかった。それでも悠々と構えて、まさに武士の商法を地でいっていた。客の入りはいっこう気にせず、ときには自分でコップを傾け、カンラカンラと笑い声を響かせていた。

そのうち、吉村さんは長春日本人居留民会の仕事に専念するようになり、一杯呑み屋は立ち消えになった。

中国軍から入隊勧誘を受けた一幕

一九四六年春。ソ連軍の撤退を前に、長春では、国民政府側と中共軍とのあいだに主導権をめぐって微妙な情勢が醸し出されていた。当時、長春には旧満州国軍、警察隊など国府系の少数の軍隊が駐屯していて、日本人に対し、ひそかな募兵運動が行なわれていた。それはまた、中共系からもあった。

向かいの菱田さんは、自分のところにあずかっている満鉄青年隊の若者たちが国府軍に誘われたがどうしようか、と相談しあっていると言っていた。そして、こう嘆いていた。

「誘いを断って日本に帰るように説得しているのだが、なかなか聞き入れてもらえず、困ったものだ」

そのころ、私のところに中国人の軍人が訪ねてきた。見れば、顔見知りの郵便局員ではないか。いつのまにやら軍人になっている。驚いて、どうしたのかと聞くと、いま国府側の軍にいるという。そして、とんでもないことを言いだした。

「あなたは言葉ができるんだから、軍に入りませんか。優遇しますよ」

とっさにコンコンと咳をしながら、こう答えた。

「ごらんのように、私は肺病で胸を患っている。とても軍隊なんか務まらんよ」

当時、中国人は、伝染するといって、結核をとても恐れていた。案の定、彼は「そうか」と言って、兵隊騒ぎはご破算になった。

国共内戦下の砲声を聞きながらの結婚式

四月初め、ソ連軍が近く撤退するのではないかとの噂が流れだした。ソ連軍が発行していた通貨代用の赤い軍票は、できるだけ受け取らないようにしようと、みんなで気をつけた。彼らが撤退すれば、ただの紙切れになってしまう。

四月中旬、私が住んでいた家で吉村竜雄さんの結婚式が行なわれた。彼は剣道の猛者で私たちの店の隣で一杯呑み屋を構えた仲間だ。

式の段取りは、村岡さんと菱田さんがととのえた。仲人は、ハルビン鉄道局の剣豪夫妻が務めることになっていた。しかし、ハルビン方面における国府軍と中共軍の激戦で、列車が運行できないため、長春に到着することができない。急遽、村岡さんと新婦の叔母さんが代役を務めた。ごく内輪の式だったが、私も友人として参加。

式がはじまってしばらくしたら、遠雷のような響きがとどろきだした。ズシンズシンと腹に響く。砲声だ。国共両軍の戦闘が、とうとう長春でもはじまったのである。砲声を聞きながら式は進行。滞りなく終わった。

これから宴会という段取りだったが、砲声がますます近く、大きくなってくる。式場が住まいの私たちはいいが、遠くから駆けつけた村岡さんたちは、うっかりすると帰れなくなる、そこで、宴会は見送ることになった。

新婚夫婦の新居を六畳間にして、私は四畳半に移った。この日から、六畳間からは明るい笑い声がたえず流れてきた。国共内戦下の珍しい結婚式だった。

吉村さんは、その後、北満から避難してきた開拓団難民を少しでも早く撫順や大連地区に南下させるべきだとの全満日本人会の方針に基づき、長春日本人居留民会救済班長として中長鉄路理事会に勤務していた村岡さんたちと協力して、数多くの日本人難民の救済と南下に力をふるった。

スリルいっぱいの国共市街戦——毎夜嵐のような銃声音が炸裂

吉村さんの結婚式が終わってほっとしたその日、夜半にかけて、こんどは遠雷どころではなく、すぐ間近で、嵐のような銃声音が炸裂。しかも夜通しだ。おかげで、まんじりともせず朝を迎えた。

起き上がって二階の窓から外を見る。銃声はおさまって静かな朝だった。外でなにやら話し声がするので出てみる。兵士が死んでいるという。みんなについて、近くの同じような住宅の階段を上る。二階から屋上に上る階段のところで、ギョッとした。草色の軍服を着た満人の若い兵士が、階段上に逆さになって仰向けに倒れている。体を長々と伸ばしたままだ。

死骸をそのままにしておくのはまずいということになり、近所の住民の何人かが集まって、庭に穴を掘って埋めた。昨夜の撃ち合いの一方が、この建物の屋上に陣地を構えたらしい。

どうやら、撤退するソ連軍が、なにもかもそっくり中共軍に引き渡そうとしたところ、これに反対する国府軍とのあいだに衝突が起きたようだ。

それからは、夜間に銃声がして、夜が明けると静かになるという日がつづいた。

危険なので、しばらく外出をひかえて様子を見ることにした。三日目の朝、また銃声がする。そっと、二階の窓から外をのぞく。ちょっとした空き地の向こうに、平屋住宅が並んでいる。居住者は避難していて空き家だ。右側と左側の家屋のあいだに、二間ほどの空間がある。その右左の家屋を盾にしての射ち合いである。それも、かなりの激しさだ。国共両軍の市街戦を目の前で見たのはこれが初めてである。

そのうち、右側から銃を構えた兵士が一人、飛ぶように走り抜けた。また一人がつづく。白兵戦だ。流れ弾にさえ気をつけていれば、高みの見物、気は楽だが、実戦はやはり迫力があった。

この時点ではまだ、どちらが国府軍か中共軍かわからなかったが、右側が優勢だ。しばらくのぞいていて驚いた。市街戦の最中だというのに、家屋のこちら側に何人もの人がいる。壁にぴったりと体を密着させて、戦況を眺めている。みんな、なにやら道具のようなものを手にしていたが、その中に明らかに日本人とわかる人の姿もあった。なんということか、危ない、と思った。

そのうちに、銃声がピタリとやんだ。すると、家屋の陰に身をひそめていた人たちが、いっせいに飛び出した。と思うと、見る間に、手にしていた道具を使って、空き家の壁を壊しにかかった。板をのこぎりで切りだしたり、窓枠をはずしたり……。

たぶん、奥地から逃れてきた難民の人たちが、そうやって集めた板類を、薪として露店で売り出すのだろう。その命懸けのたくましさには一驚《いっきょう》した。

八路《パールー》来る――中共軍兵士の出現と撤退

翌日の夜、また烈しい銃声がひとしきり。と思ったら、急に静かになった。連日の市街戦でまたかと思っているうちに、疲れが出たらしく、そのまま寝入ってしまった。

朝、なにかいつもと違う騒々しさだ。なにごとかと思っていたら、ドアが激しくノックされた。開けると、とたんにどっと人がなだれ込んできた。

見れば、薄汚れた服装の兵士が何人も立っている。いずれも若い。中にひときわ背の高い、大きなモーゼル拳銃を下げた男がいた。拳銃の柄に赤い布を結んでいる。その隊長らしい男が名乗った。

「われわれはパールーだ」

ああ、これが「八路《パールー》」か、と初めて見る中共軍兵士をまじまじと見つめる。

「休ませてほしい」

と言う。

そこで、入り口に近い私の部屋に招じ入れようとしたが、隊長はここでいいと言って、玄関先の階段に五、六人が腰を下ろし、帽子をぬいで休みだした。ソ連兵のように乱暴をはたらきそうもないので、向かいの菱田さんもほっとしていた。

中共兵は一時間ほど休んで、立ち去っていった。長春で五日ほどつづいた市街戦は、どうやら中共軍が勝利をおさめたようだ。

私たちの住宅には、中共兵はこの日だけで、それからは一度も姿を見せなかった。

ソ連軍に代わって中共軍がこれからどういう支配の仕方をするのかと気になったが、ひと月余りで、長春にまた変化が起きた。中共軍が姿を消したのである。

ところで、四月十四日から十八日までの市街戦では、日本人の住宅区が激戦地となり、犠牲者も出て、国共両軍に徴用された者も多数にのぼったという。たいへんなとばっちりを受けたものだが、市街戦というのは戦闘当事者だけでなく、一般市民をもいやおうなしに巻き込んでしまうものだと実感した。

国府軍の長春入城で内地帰還が現実のものに

一九四六年五月二十四日、国府正規軍が長春に入ってきた。噂を聞いて、三中井百貨店前に走っていくと、国府軍の部隊がちょうど大同大街《だいどうたいがい》を行進してくるのに出合った。沿道はたいへんな人出だ。目の前を行進する国府軍は、服装も携帯する武器も、米式装備でかためており、これまでの中国軍のイメージとはかけ離れた、りっぱなもの。昨日までいた中共軍の粗末な服装装備とは段違いで、いかにも近代的軍隊の観がした。

しかし、これだけ優れた装備の国府軍も、まもなく中共軍に圧倒されて、東北地区から駆逐されてしまうのだから、軍の優劣は、装備からだけでは論じられないものだ。

ともあれ、国府軍の入城で、長春は街がいっぺんに明るくなった。なにより、内地帰還が現実のものになりそうなことが、祖国へ帰る日を待ち焦がれ、空しく日がたつことにうちひしがれていた在留邦人の心を明るくした。

これより先の五月七日、満州地区からの引き揚げ第一船がやっと葫蘆島《コロとう》から出航。つづいて、錦県《きんけん》地区などからの第一次遣送がはじまった。

遣送は、国府軍の進出につれて、瀋陽地区にも拡大。長春地区の遣送も、話題にのぼるようになっていたのである。

国府軍が入ってきて、街もいちおう落ち着いてきたある日、あの郵便局員あがりの国府系兵士が顔を見せた。この日は軍服ではなく、一般市民になりすましていた。激しかった国共の市街戦を生きのびていたのだ。彼は言った。

「あのとき、やられた部下を埋葬してくれてありがとう」

近くの住宅の屋上で戦死した国府系兵士を、庭に埋めたことを指している。

どこかから見ていたのだろうか。もし、扱い方を誤っていたら、いやがらせを受けたかもしれない。内戦の傍観者も微妙なものだ。関係がないからといって、高みの見物とだけはいかない。

国府軍将校の行動に思い知らされた敗戦国民の立場

繁盛していた露店を、稲荷さんに譲った。稲荷さんは初夏を迎えて、かき氷屋をはじめた。けっこうお客が入っていた。

ある日、近所を歩いていたら、住宅の一角に喫茶店が店を開けていた。感じがよさそうなのでのぞいてみると、三人の姉妹で経営する店だった。いちばん上の姉が主婦でカウンターの中を受け持ち、妹二人が店頭に立ってサービスにあたっていた。

二、三回通っているうちに、すっかり顔なじみになった。太平洋戦争前、マニラにいたのを引き揚げて、満州にきたのだという。もちろん、素人のにわか商売だ。

ある日、またこの喫茶店に立ち寄ったところ、ほかに客はだれもおらず、ひまそうなので話し込んだ。話に夢中になっていると、そこへ国府軍の若い将校が二人、つれだって入ってきた。気にもとめず、下の妹と話をつづけた。軍人のほうは、上の妹が注文をきいた。

しばらくこの状態がつづいた。すると将校の一人が、つかつかと近寄ってきて、いきなり声を荒らげた。

「おい、おまえ、どうしてここにいるんだ」

どうも自分たちが支配者のつもりなのに、無視されたと思い、気にさわったみたいだ。

「おまえ、八路か」

「とんでもない。ごらんのとおり、日本人だ」

「けしからん。態度が悪い」

いわれのない八つ当たりだ。これはまずいと思ったが、卑屈な態度はとりたくない。当たり障りのないことを言って時間をかせぐ。姉妹は固唾を呑んで見守っていたが、そのうち、もう一人の温厚そうな将校が、

「もういい、行くぞ」

私に突っかかっていた将校は、「気をつけろ」と捨てぜりふを残し、二人して立ち去っていった。

ささいなことだが、改めて、敗戦国民の立場を思い知らされた。

長春居留民待望の総引き揚げの開始

一九四六年七月、瀋陽につづいて長春地区にも、やっと待ちこがれた内地遺送の日がやってきた。

ソ連軍の侵入後、長春、瀋陽などには日本人居留民会が設立されていたが、国府軍進駐後は、中国側行政機関に対応して、日本人居留民会は長春日僑俘《にっきょうふ》善後連絡処として、難民の受け入れから、日本人居留民の世話に力を注いだ。

そして六月一日、その中に送還準備委員会を設け、前満鉄副総裁・平島敏夫氏が委員長に就任、具体的送還準備にかかった。独身で身軽な私は、長春地区の遺送業務のお手伝いをすることになった。

長春の遺送第一陣は、七月八日午後、南新京駅を出発した。私は菱田さん夫妻とともに、これに参加した。

遺送団は、居住区の隣組を中心に編成された。四十名で一小隊、四個小隊で一中隊、八中隊で一大隊とし、二個大隊で遺送団を編成。一列車二千五百名が標準だった。長春地区からは、約二十万人の日本人が帰国した。

私たちが乗ったのは、石炭輸送の無蓋貨車の空車だった。車両の後部にトイレが設置されていた。といっても、空き樽を一個、置いただけだったように思う。一車両に八十名が乗ったので、みんなくっつきあって、石炭の粉が落ちている床に横になった。

やがて夜がふけた。ゴトンゴトンと音をたてて走る貨車に揺られながら夜空を見上げると、満天の星がまたたいていた。

新京（長春）にきてからあっという間の短い二年間だったが、反面、すごく長かったような気もする。自分にとって、長春はなんだったのか。波乱に富んだこれまでのあれやこれやの思いが、頭の中をよぎる。といって、感傷にひたっているいとまはない。

難行、苦行の連続だった帰国への長旅

駅でもないのに、大きなブレーキの音をたてて、貨物列車が停まった。これからがたいへんだ。そういうときは、トイレの時間だ。貨車の臨時のトイレは、走っているときは揺れるし、人目もあるので、なかなか使えない。だから、停車のときが、用便の絶好のチャンスだ。

日中でも、列車が停まると、乗客はわれ先にと貨車を降り、列車から直角方向に向かって走る。そうでないと戻るとき、自分の車両を間違える。いつ発車するかわからないので、線路からあまり遠くへも行けない。行きも帰りもフルスピード。大急ぎで用を足す。

男は人目があっても平気だが、気の毒なのは女性たちだ。とても男のようにはいかない。つらい思いで耐えている。だから、夜間の停車が救いの神。停車と同時に、いそいで降りて、貨車のそばで用を足す。それから、男たちに引き上げてもらって、やっとひと息つくという始末だ。

二日半ほど貨物列車の旅をつづけ、夕刻、錦県に着いた。貨車から降りてこわばった腰をのばす。案内された集中営は、どこかの社宅だったようだ。ここで、内地に渡る船を待つことになる。

かつて日本人が住んでいたと思われる畳敷きの二間で、二十名ほどがすし詰めになって宿泊することになった。

身軽な私は部屋をほかの人に譲って、浴室にまわった。一人がしゃがんで浸《つ》かれる木製の楕円形の浴槽がすえてあり、コンクリートのたたきの上に木製のすのこが敷いてあった。一人なら広々としたものだ。すのこの上に横になると、長旅の疲れのせいか、すぐにぐっすりと寝入ってしまった。

これが間違いのもとだった。朝、目が覚めて起き上がろうとしたところ、どうしても立てない。肩、腕、脚などの関節が強烈に痛く、しびれて動かせない。まるで金縛りにあったようだ。

脂汗を流しながら、必死にもがく。硬直した脚や手をやっと伸ばせるようになるまで、ずいぶん時間がかかった。コンクリートの湿気が、こんなにひどいものとは知らなかった。

私は学生時代、上海郊外で中国人のテロに襲われて、右腕の肘関節を撃ち抜かれている。傷口はとっくによくなっていたが、湿気に極端に弱い。右肘がズキンズキンと骨の髄から痛み、どんなにさすっても、もんでも痛みがとれない。すると、その日は決まって雨になる。私にとって、体がいちばんの天気予報だ。痛みは雨天の前兆なのだ。

浴室のコンクリートのたたきの上で寝たあとの痛みは、ちょうどそれと同じだった。しかも、全身にきたのには、まいってしまった。ほかの人からどうしたのかと声をかけられ、私がどんなに説明しても、なかなか理解してもらえなかった。引き揚げ開始早々の失敗だった。

待機時の集団居住地・集中営の活動で「命より大事なもの」を守る

錦県の集中営での仕事の分担が決まった。菱田さんは満鉄青年隊の数名を指揮して、輸送の担当。私は松木一郎氏をキャップに、遣送団の乗船名簿に基づく乗船割り当て作業班。ほかに総務や使役労働者を割り当てる労務班などがあった。

翌日から、一つの家屋が乗船割り当て班にあてがわれ、ここが事務室兼宿舎となった。いっしょになったのは、松木キャップら作業メンバー四人と松木氏夫人、夫人の父親と妹の七人で、松木夫人が炊事を担当。私はここで、長春地区の内地遣送が完了する十月までの足かけ四ヵ月を過ごした。

引き揚げ船の出航は、錦県からほど近い港、葫蘆島からだった。日本から、引き揚げ用の船が葫蘆島に入る。日本の駆逐艦、米軍のＬＳＴ（上陸用舟艇）、撃沈を免れた貨客船から高等商船学校の練習船など、積載量はさまざま。

これらの船が何隻か入港して、数千名の乗船が可能になったところで、葫蘆島から錦県の集中営の事務室に連絡が入る。われわれの出番だ。

この引き揚げ船の入港の早い遅いによって、集中営に滞在する日数が増減する。運のよい団は、錦県到着早々、乗船に出発できるのもあれば、船の入港を待って、延々と滞在する団もあった。

また遣送団には義務があって、葫蘆島の重労働に数名の使役を出さなければならなかった。このため各団では、この役を若手に頼んでいた。

集中営ではいろいろのことがあった。ある日、つてをたよって、知人の兄さんが訪ねてきた。いかにも疲れ切った表情だった。

長春で遣送団編成のさい、人数の都合でほかの居住地区の団に編入されたが、葫蘆島の使役を出す段になって、その役目がよそから編入されたということで、自分に割り当てられてしまったという。四十過ぎの身にはとても務まりそうもない、どうしたものか、という。

錦県の事務局には労務担当がいて、この使役のことも扱っていた。そこで、私から事情を話すと、四十代の人に使役を割り当てるなんて無茶ですよ、とさっそく調査にあたり、団の幹部を説得して、二十代の若手に変更させた。弱り切っていた知人の兄さんはとても喜んだ。

翌日、彼がまた訪ねてきた。団員一人をつれて。また相談があるという。

遣送団の乗船の日が決まると、その前日に所持品検査がある。日本に携行できるのは、お金は千円まで。その他いろいろときびしい制限が決められていた。危険物はもちろん、写真、書類なども禁制品に入っていた。

所持品はすべて検査される。これをパスしないと、本人だけでなく、所属する団も帰国できなくなる。相談とは、その所持品検査のことだ。彼がつれてきたのは、東大物理学部の助教授だった。

「命より大事なものを持っている。なんとしても日本に持ち帰りたい」

助教授が示したのは、満州における地質関係の調査レポートで、そこには写真も添付されていた。検査にひっかかり、没収されることは確実である。ほとほと困りはてたあげくの相談だった。大切な研究成果だけに、助教授は必死だった。そこで、検査当日、私が内々でレポートを預かることにした。仕事の性質上、私たちの住居は、中国側からも治外法権扱いだったからだ。

検査の日が過ぎた。出発の朝になって、私は助教授に預かっていたものをこっそり返した。レポートが無事、日本に持ち帰られたことは、帰国後、再会したときに確認した。

乗船名簿と割り当てでのスリルを体験

私たちの乗船割り当て班の仕事は微妙だった。引き揚げ船の大きさはまちまちで、乗員の定員もそれぞれ違う。遣送団の編成はほぼ一定しているが、一団一船というのは、とても珍しい。大きな船だと、一団がそのまま乗れるが、まだ収容力があると、別の団から、その人数分を割いて大きな船にまわす。

せっかく長春からいっしょに苦労してきたのだから、そのままいっしょに帰国させたいのはやまやまだが、効率よく帰国させるには、そうとばかり言ってはおられない。そこで、あとの団を二分したりすることになる。

また船によって、居住性、船員の質などに優劣がある。遣送団にも船の情報はよく知れわたっているようで、米軍のＬＳＴよりも、日本の駆逐艦や貨客船などのほうが人気があった。

あるとき、こういうことがあった。私たちは、葫蘆島から通知があった入港船舶のリストと遺送団から提出される団員名簿を基にして、乗船割り当ての作業を行なう。このときは、長春の比較的大きな団だったが、その団の名簿の提出を求めた。すると、なんとこの団は、すでに自分たちで乗船割り当て表を作成していた。

葫蘆島に引き揚げ船が入港し、出港日が決まると、集中営にいる遣送団に、船名、トン数、定員を公表する。このときも、優秀船と少し劣るのが交じって入港していた。この大きな団が作成した乗船割り当て表と乗船名簿には、団の幹部たちの所属する隊を優秀船に、そうでないほうを劣る船にまわしていた。

これを見て、私はかっとなった。もともと団には、乗船割り当て表作成の権限はない。横暴を許してはいけない。私は団の幹部たちを前にして宣言した。

「乗船割り当ては、私たちが行ないます。ここにあるのはお返しします」

このとき、私は二十四の若輩。威圧するようににらみつける幹部たちに囲まれながら、チームの同僚、温厚な満鉄先輩の小崎浩二さんと作業に入った。そして、遺送団全員を、乗員定員に、てぎわよくはめ込んだときにはほっとした。

肩をいからしながら見守っていた幹部たちも、私たちの合理的な作業を見ているうちに納得がいったらしく、素直に従ってくれて、一時は険悪だった空気もおさまった。

大陸に別れを告げた日本丸《にっぽんまる》乗船とその後の再会

長春地区の内地遣送は完了し、私たちの役目は終わった。私たちにも、帰国の日がやってきた。一九四六年十月末、いままで見送った遣送団のあとをなぞって、葫蘆島に向かった。私たちが乗船したのは、東京高等商船の帆船練習船、日本丸。若い練習生の機敏な動作が心地よかった。出帆の汽笛を耳にしながら、思い出深い大陸に別れを告げた。日本丸は一路、日本を目指した。二昼夜後、博多港に到着。大陸に賭けた夢破れ、傷心の心を抱きながら、敗戦の祖国に帰国したのだ。

それから四十数年後のある日、横浜ランドマークに遊んだことがあった。ふとドックの向こうのほうに、見覚えがある帆船のマストが見えた。はやる心を抑えながら近寄ってみる。あの引き揚げ船、日本丸ではないか。感激の再会だ。

うちひしがれた身を、やさしく運んでくれた日本丸。この船が、夢破れた同胞の引き揚げに、おおいに活躍したことを知る人は、ここを訪れる人の中にどれくらいいることだろう。

ラストエンペラーの甥・小瑞《シャオルイ》との巡り会い

いま私の手元に、色紙大の芳名録がある。一九八四年から、北京で知り合った中国人の著名な書家や画家などの署名を集めたものだ。見開きいっぱいに竹を描いたものや、名山・黄山《こうざん》の迎客《インコオ》松《スン》（迎賓の松）を描いたものもある。思い出をたどりながら繰っていくと、「中日友誼永世長《チュンリヨウイユンシーチャン》存《ツン》」（中日の友好とこしえに）と書かれたページが出てきた。書いたのは、愛新覚羅《あいしんかくら》毓嵒《いくがん》。清朝最後の皇帝にして満州国皇帝・愛新覚羅《あいしんかくら》溥儀《ふぎ》（アイシンチュェロプーイ）の甥である。

数奇な運命をたどったラストエンペラー溥儀の変転を、もっとも身近に知る一人だ。

溥儀は、日本敗戦の一九四五年からソ連ハバロフスクに五年間抑留され、一九五〇年からは撫順とハルビンの戦犯管理所で暮らし、一九五四年、再び撫順に戻り、一九五九年十二月、特赦により釈放、北京にて一市民としての生活をはじめる。

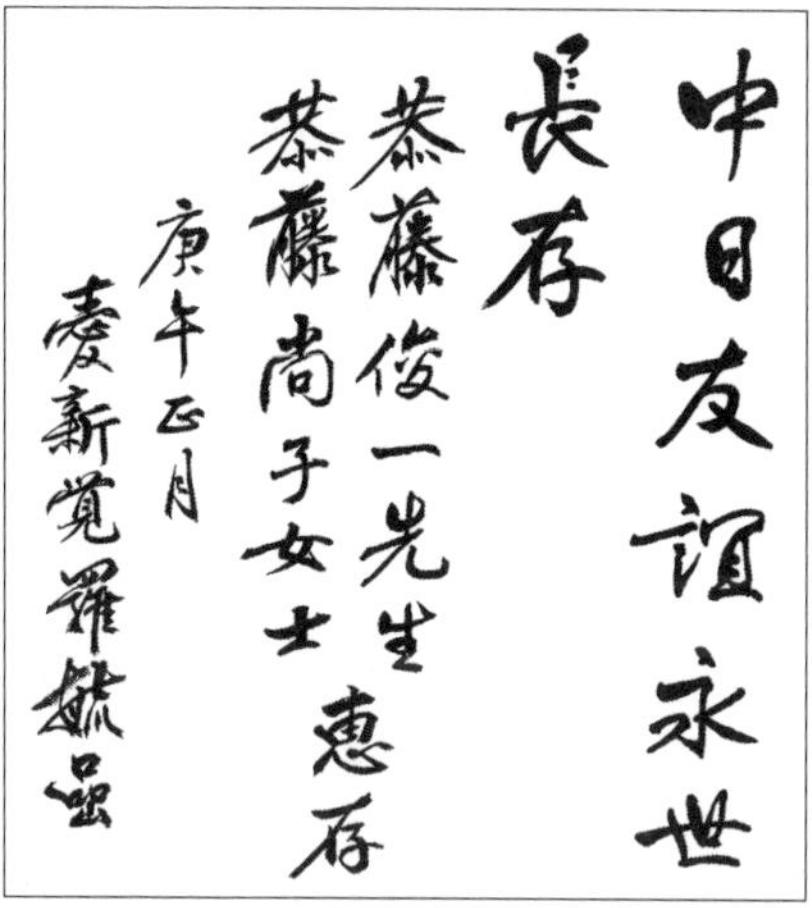

小瑞による「中日友誼永世長存」の書

毓嵒は、溥儀の自著『我的前半生《ウオダチエンパンシヨン》』（我が半生）に、小瑞《シャオルイ》の名でたびたび登場する。

溥儀を扱った映画に、世界的に評判を呼んだベルトルッチ監督の『ラストエンペラー』があり、それに前後して中国の中央テレビで放映されたテレビドラマに『末代皇帝《モオタイホアンティ》』がある。中国では、歴史もののドラマは人気があるが、『末代皇帝』も二十八話の長尺物で、この中で、激変する生活にとまどう溥儀を支えたのが、三人の甥たちだった。

しかし『我的前半生』に登場するのは小秀《シャオシュウ》、小固《シャオグウ》、小瑞の名で、毓嵒という名はない。だから、私は北京にいたときにも、三人のどれが毓嵒か知らなかった。友誼賓館《ゆうぎひんかん》で毓嵒氏本人に会ったときも、彼が小瑞だとはわからなかった。

末代皇帝の親類と会うことになったいきさつはこうだ。

古都・北京の面影をもっとも色濃く残しているのは、故宮北方の鼓楼《ころう》、鐘楼《しょうろう》周辺とこれを望む什刹海《シシャハイ》（湖）一帯である。ここに一人の表具師《ひょうぐし》が店を構えていた。彼は商売柄、中国人の画家、書家に知り合いが多く、当時、友誼賓館にいた私たちのところにもよく出入りしていた。その彼が、ある日、溥儀の親類を知っている、会いたいなら紹介すると言う。さっそく希望する。こちらから訪ねてもいいから、と伝えてもらった。

先方も喜んで会うことに同意してくれたが、時節柄、近所の目もあるので、日本人が自宅に訪ねてくるのは遠慮したい。自分のほうから訪ねるから、という。

こうして一九九〇年二月十九日の夕刻、一人の老人が、表具師にともなわれて、友誼賓館の私たちの部屋にやってきた。品のよい中国服の人は、自己紹介で、溥儀の親戚と名乗った。「末代皇帝」と数奇な流浪の運命をともにした甥の一人、毓嵒その人だった。

しかし、この時点では、まだ『我的前半生』の小瑞とは結びつくにいたっておらず、溥儀に忠実だった甥の一人としての認識しかない。

溥儀が極東国際軍事裁判で証言した日本への恨みつらみは、度を越えた面があったし、彼の演技ともみられる面もあったが、真実の部分もかなりあったと思う。

愛新覚羅氏への想いがはせられる「相倚不倒」の図

小瑞すなわち毓嵒も、溥儀の一族というだけで、シベリア、撫順、ハルビンの戦犯管理所で、苦難の生活を余儀なくされたわけだが、これももとはといえば、日本とのかかわりがあってのこと。彼らは日本の帝国主義政策の被害者の立場であるわけだ。とすれば、毓嵒には、日本に対する言い分がおおいにあってしかるべきだ。

しかし、この日会った毓嵒氏からは、それらしい言葉はなにも出なかった。むしろ、落ち着いた風格の中で、彼とは日中の文化についての話がはずんだ。そして、最後に書いてくれたのが、「中日友誼永世長存」の詞《ことば》だ。

これが、日本によって数奇な運命にもてあそばれた、歴史の証人のひとりである毓嵒氏の手になるものだけに、私にはずしりとこたえた。

せっかく歴史の証人を前にしながら、謎を解くにいたらなかった。私が永年抱いていた謎。それは日本敗戦の一九四五年八月、通化から平壌経由、東京へ向かう予定の溥儀が、なぜ、予定を変えて奉天に立ち寄り、ソ連に連行されたのか、また戦犯管理所に抑留されていた溥儀の世話での甥たちの苦労話などについて知りたかったのだが、私の予備知識の足りなさから、満足のいく証言を得ることができなかったが、それにしても、怨念がないはずのない日本人に対して、一言の恨みももらさなかった末代皇帝の甥は、さすがというほかはない。

第4章

天安門事件遭遇

三十七年後の再訪で北京師範大生と交流

一九八三年（昭和五十八年）九月、私は北京にいた。敗戦の翌年の一九四六年、中国から引き揚げてから、じつに三十七年の歳月が流れていた。

東京の語学専門学校、日中学院の学生二十人ほどによる北京師範大学への語学研修団の団長として。すでに還暦を過ぎていた私にとって、それこそ「六十の手習い」だった。

そして、わずか二ヵ月だったが、このとき親しくなった中国の若者たちとの交友が、その後の北京生活の十数年間、陰になり日向《ひなた》になり私を支えてくれたばかりか、今日にいたるまで、中国と私を緊密に結びつけている、世代、年齢を超えた親しい交わり「忘年交《ワンネンチャオ》」といえるものだった。

新学期の開始に先立って、夕刻、学校側の歓迎会が開かれた。出席したのは、学校からは教師と中国人学生。留学生側は私たち日本からの研修生のほか、欧米からの女子留学生も交えた国際色の豊かなものだった。

ひととおり儀式ばった催しの最後に、中国人学生代表の歓迎の挨拶があり、食事をともにしながらの懇親会に移った。

留学生たちは、これまでの学習成果を試すのはこのときとばかり、習い覚えた中国語を操って、本場の中国人との会話に汗を流した。私も歓迎の挨拶を述べた学生代表と話を交わした。長身の女子学生だったが、なんとか通じたときはうれしかった。

歓迎会が終わって、私たちは寮に引き揚げた。一部屋二人ずつで、ベッドと机がある。私の部屋は、団でいちばん若手の大学生、山川輝一郎君といっしょだ。

心地よい疲れを休めていたら、ドアがノックされた。開けてみると、歓迎の辞を述べた学生代表の楊玉琴《ようぎょくきん》さんと、もう一人の中国人女子学生、郭芳《かくほう》さんが立っていた。聞けば、中文学部の二年生で、「陪住生《ページュション》」といって、男女二名ずつの学生が外国人留学生の部屋に泊まり込んで世話をしているのだという。

授業は毎日、午前中が学課。午後は、日によって、北京市内の社会科見学も組まれていた。留学生はすぐ学校の生活に慣れた。食事は食堂でつれだってとった。学力の進度に応じたクラス分けもすみ、学習の進め方も軌道に乗った。

団長といっても、公式行事のとき以外は、これといった負担はない。それよりも、限られた日時だが、知りたいこと、やりたいことが山ほどあった。

それまでにも、新中国のことはいろいろと耳にしていた。しかし、新聞にしろラジオにしろ、海の彼方から伝えられるニュースは、「新中国には、ハエが一匹もいない」類のものまであって、もうひとつピンとこなかった。まさに隔靴《かっか》掻痒《そうよう》の感を免れなかった。

かつて青春のひととき、夢を抱いて住んだ中国がどのような変貌を遂げたか、この目でじかに確かめたかった。「いい歳をして」と言われるのもかまわず、留学生の道を選んだのも、この思いからだった。

話劇《ホアチュイ》観賞と北京史蹟めぐりでの「忘年交」スタート

とはいっても、新中国のことも北京のことも、語学の学習以外はかいもく見当がつかない。どうすればいいか迷ったあげく、楊さんたちに相談した。さいわい、この希望に応えてくれたのが、陪住生の四人だった。ことに楊さんは積極的だった。

まずは話劇《ホアチュイ》観賞から。風俗や人情を探るには、大衆に人気がある話劇がいいのではと思ったからだ。しかし北京ではまだ、お上りさん。どこに劇場があり、どんな劇団があって、いまなにを上演しているかわからない。

私の希望を聞いた楊さんが、さっそく動いてくれた。そして、その週に開演している話劇の切符を購入してくれた。これはありがたかった。

次に世話になったのが、北京の史蹟探訪。定番の故宮博物院、頤和園《いわえん》、天壇《てんだん》公園の観光ルートは団体行動にまかせて、私はもっぱら未公開の史蹟を探った。大きな収穫は『紅楼夢《こうろうむ》』とも縁が深いといわれている「恭王府《グンワンフ》」の探訪だった。

清朝末期、外交で活躍した恭親王《グンチンワン》の王府と庭園で、このときはまだ未公開だった。それを楊さんが熱心に交渉して、やっと内部をのぞくことができた。荒廃した中にも歴史をしのばせる、そして紅楼夢の昔を幻想させるたたずまいに、時間がたつのも忘れた。

このほかにも、いくつかの場所に足を運んだ。楊さんは、自分が都合が悪いときは、クラスメートの陪住生の郭Lさんや蒋大川《しょうだいせん》君に声をかけて、私を案内させた。

ちょうどこのころ、同室の山川君は、夕食後、日本語学科の教室に通い、日本語専攻の学生たちとの交換教授をはじめていた。そのうち、その中の一人、沈海芳《ちんかいほう》さんが私たちの部屋に姿を見せるようになった。

二ヵ月の留学期間は、あっという間にすぎた。短い期間だったが、私たちのあいだには、なにか忘れがたい思い出が残った。そして、あとから振り返ってみると、これが「忘年交」のスタートだった。

招かれて北京の人民中国雑誌社の専家となる

晩秋、留学期間が終わり、修学旅行として南京を見学。十一月十二日、研修団といっしょに帰国、解散して、肩の荷を下ろした。

翌一九八四年三月初め、前年の留学期間に内定していた人民中国雑誌社の専家として、私は北京に赴任した。専家とは、中国政府から招聘《しょうへい》された専門家のことをいう。

『人民中国』は、中国政府外文局系統の日本向け月刊誌で、『北京週報』『中国画報』とともに、中国三誌として、中国の出版物がまだ制限されていた当時は、日本の読者からもおおいに歓迎されていた。

三月二日、北京着。北京空港には、社からは編集長ほか幹部が出迎えにきてくれていた。夜、北京西郊の北京友誼賓館《ゆうぎひんかん》の専家楼に入る。北京はまだ寒かった。この専家楼には、一九九〇年（平成二年）まで七年間、起居することになる。

三月五日から出社。『人民中国』編集の勤務に入る。ちょっと落ち着いたところで、前年知り合った中国の若い友人、北京師範大学の楊さんと沈さんに、北京に来ている旨の手紙を出した。

三日後の三月二十日夜、電話が鳴った。楊さんからだ。電話のあとすぐ、クラスメートといっしょに楊さんが姿を見せた。師範大からは、自転車で若さにまかせてとばせば、七、八分の距離だ。

「どうしてこられたのですか」

驚きの声とともに、顔中に笑みをたたえ、五ヵ月ぶりの再会を喜んでくれた。短い期間の交友だったが、これほど喜んでもらえるとはと、うれしかった。

第二外国語に日本語を選択しているということで、有島武郎の文庫本などを喜んで持ち帰った。四月に入ったら、楊さんに聞いたらしく、蔣君と郭さんが訪ねてきた。十九日夜には、日本語科の沈さんが訪ねてきた。

「どうしてこられたのですか、思いがけないですね」

としきりに言う。卒業論文の参考文献にと、日本語の書籍二点を持って帰った。


話劇『家《チア》』に入りびたる話劇迷《ホアチュイミー》（新劇狂）ぶり

二十一日、沈さんから電話があって、明日の話劇の切符が手に入ったという。

翌日、首都劇場《しゅとげきじょう》で沈さんと落ち合い、北京人民芸術劇院《ペキンじんみんげいじゅつげきいん》による『家《チア》』を観る。文豪・巴金《ぱきん》原作の評判の劇だ。筋は知っていても、会話はなかなかわかりにくく、沈さんの助けを借りる。

これが皮切りで、私の首都劇場通いがはじまる。

五月二日、蔣君が『家』の切符を持って訪ねてくる。話劇に凝っているのが伝わったらしい。

三日、『家』を観に行く。楊さんからも切符がとどく。

四日、『家』の楽日《らくび》を楊さんと観る。これで『家』の観劇は計十回になり、首都劇場の支配人ともすっかり顔なじみになってしまった。

中国の若い友人の応援もあって、私は中国の大衆に人気がある話劇、新劇を堪能することができた。評判作の切符の入手は、そう簡単ではない。これは、自分でも体験している。

このころは、私もだんだん北京に慣れてきていたので、とくに依頼はしなかったのだが、それを彼らは、学業の合間に、私のために劇場に出かけては、前売券の入手に努めてくれた。劇場通いは、私の話劇迷（新劇狂）ぶりを満足させたばかりでなく、中国の若者の友情の熱さをしかと感じさせた。

中国の若者との親密な往来——日誌風に

このころから、『人民中国』の仕事と並行して、卒業を前にした中国の若い友人たちとの往来が、いっそう活発になった。その具体的な一端を、日誌風にあげてみよう。

五月十一日、師範大の校門のところで、楊さんに会う。卒論を提出したという。

五月十九日、蔣君来訪。書道が好きな私の妻が喜ぶだろうと、王羲之《おうぎし》と鄭板橋《ていばんきょう》の書の拓本を持ってきてくれる。心づかいがうれしい。

五月二十六日、楊さん、蔣君がそろって訪ねてくる。ともに自転車で。『家』が載っている雑誌を求めてきてくれた。夜遅くまでいっしょにテレビを見て帰る。

六月十四日、沈さん来訪。中国語テキストのテープを吹き込んでくれる。

六月十七日、蔣君がきて、私の中国語の会話の練習相手をつとめてくれる。

六月十八日、五道口工人《ごどうこうこうじん》クラブ（労働者クラブ。劇場をかねる）で、沈さんと歌劇『江姐《チャンチェ》』を観る。国共内戦時の革命劇で、当時の興奮が如実に伝わってくる。沈さんが解説してくれる。

七月九日、沈さん来訪。食堂で食事をともにしながらいろいろ話し込む。

七月十四日、民族宮礼堂劇場《みんぞくきゅうれいどうげきじょう》で、人民芸術劇院の話劇『紅白喜事《ホンバイシーシ》』を蔣君と観る。

七月十六日、沈さんと『紅白喜事』を観る。世相を痛烈に風刺したもので、聞き取りに難がある私にも、二回目となるとかなりわかる。

七月二十六日、午後、沈さんが卒業を知らせに来訪。卒業証書と学位証明書を見せてくれる。その気持ちがうれしかった。妻にとどけるようにと、北京土産を持ってきてくれる。

夫妻で若者と交流し家庭的味わい増える

八月二十五日、一時、夏休みで帰国していた私といっしょに、妻も北京にやってくる。

翌日、沈さんから電話がかかってくる。妻の北京来訪を知った沈さんは、三十日、洗剤をもってきてくれる。

私たちの部屋は、ホテルの中でも、長期滞在の専家用の棟にあって、炊事場がついていた。妻がきたので、これまでのようにホテルの食堂だけでなく、わが家でも食事ができるようになった。そのための日用品の購入の手伝いを、さっそく沈さんがあたってくれたのである。卒業後、国営教育放送のテレビ局に入社早々の忙しいときだというのに。やさしい心使いがうれしい。

九月八日、沈さんは、妻から頼まれた酢や砂糖、それに旅行のさいの乗り物酔いの薬も探してくれた。まだ北京に不慣れな妻は大助かり。

九月三十日夜、楊さん、郭さん、蔣君の三人がそろって顔を見せる。妻とは初対面。

十月三日昼、沈さん来訪。シチュー用の肉とスープを持ってきて、台所で妻の調理を手伝う。来週、放送関係の訪日団の通訳兼秘書として訪日する予定だという。

訪日に当たっての心得、注意事項の問い合わせを受ける。卒業後、意外に早くめぐってきた訪日のチャンスに、心をはずませている。成長が楽しみだ。

十月七日、日曜日だった。夕方、楊さん、ピクニックの帰りだといって立ちよる。クラスをあげて、自転車を駆って北京近郊の景勝地へ出かけたのだという。気軽に立ちよって、わが家のようにくつろいで一日の様子を話してくれる。九時近く帰校。

十二月三十日、楊さん、郭さん、蔣君の三人、二時すぎ、そろって年末の挨拶にくる。残った楊さんと夕食をともにする。なにか悩みごとがあるようだ。

一九八五年二月七日、楊さんと夕食をともにする。卒業後の進路について悩んでいるようだった。妻、楊さんについて会話の練習をする。

二月十八日は春節《しゅんせつ》（旧正月）。二十二日、沈さん遊びにくる。忙しくてなかなか来られなかったという。てんぷら料理を手伝ってくれて、夕食をともにする。そのあと、お汁粉を喜んで食べる。

三月七日、沈さんから電話。妻が依頼していた中国語補習の教師がなかなか見つからないので、見つかるまで自分が代わりにやってもいいと申し出てくれる。

三月十日、首都劇場で、沈さんといっしょに、老舎《ろうしゃ》の名作話劇『茶館《チャクワン》』を観る。やはり圧巻だった。老舎夫人と席が近かったので、挨拶を交わす。

四月二十三日、楊さん遊びにくる。

六月十五日、楊さん来訪。日本語の発音をなおしてあげる。

七月十七日、楊さんひと月ぶりに姿を見せる。先週で試験がすんだ。来年二月、研究生の試験を受けるつもりだという。

九月十七日、楊さん顔見せる。楊さんにも依頼しておいた、家庭教師の候補を見つけてつれてくる。熱心だ。

十月一日、楊さんの案内で、最も古都北京の面影を残している、鼓楼一帯に遊ぶ。渇望久しい、什刹海《シーシャハイ》（湖）にかかる銀錠橋《インティインチャオ》も目にする。まさに、夢幻の境にある思いがした。

十二月二十一日、前の家庭教師が留学するというので、楊さん、代わりの新しい先生をつれてくる。

一九八六年一月早々、沈さんから手紙がくる。胸を患っているという。とても気になる。

二月六日、楊さん遊びにきて、来週、春節の催しの見物に案内するという。楽しみだ。

二月十日、楊さんの案内で、龍潭《ルウンタン》公園の春節の催しを見てまわる。厳寒の中だったが、中国人が一年でいちばん楽しみにしているとあって、大がかりなものだった。

二月十三日、午後、沈さんが元気な姿を見せる。病気が回復してよかったと喜ぶ。

九月十九日、蔣君と郭さんが、中秋節だからといって月餅《げっぺい》を持参して顔を見せる。

十二月二十七日、蔣君、郭さん、年末の挨拶にくる。師範大三人組の一人、沈さんは訪日中だ。

いま考えても不思議だと思う。彼女たちとの交友のことだ。べつに教師と教え子という関係ではない。たまたま一時期、同じキャンパスでつきあいが生まれた。ただそれだけだ。おまけに、親子ほど歳のひらきがある。それが、年齢の差にとらわれない交友が生まれた。

彼女たちは、私のところでは、わが家のようにくつろぎ、振る舞う。私たちはそれがうれしい。そこには、国境も、世代の違いもない。しかも、その「忘年交」は、いまに変わりなくつづいているのである。

天安門広場への連日の学生デモ

中国現代史における悲劇、天安門事件《てんあんもんじけん》は、一九八九年（平成元年）六月四日早朝、北京で発生した。

このとき北京にいて、北京大学をはじめとする学生の動きを目のあたりにした私は、中国の若者のすさまじいエネルギーに圧倒され、祖国に対する情熱の強さに羨望《せんぼう》の念を禁じえなかった。ほぼ毎日のように、天安門広場めがけて、津波のように押し寄せる学生デモを見つめているうちに、中国の若者とのあいだに、なんともいえぬ奇妙な縁が生じた。

これより先の四月十五日、二年前失脚した前総書記・胡耀邦《こようほう》が死去。その死を悼むとともに、名誉回復と民主化を求める学生デモが連日、天安門広場におしかけた。

このとき私は、中国画報社の専家として北京にいたが、職場も学生の民主化運動の話題で持ちきりだった。その様子を一目確かめたいものと、十八日午後、車を駆って天安門広場に駆けつけてみた。そこで目にしたのは、聞きしに勝る光景だった。

広い広場の中央にある、中国人民英雄記念碑《ちゅうごくじんみんえいゆうきねんひ》の壇上高く胡耀邦の大きな遺影が飾られ、その前

学生デモは市民に人気で支持も大きかった(216ページまでの写真は著者撮影)

には、これも大きな花輪がいくつも供えられていた。

記念碑台座のバルコニーの上から広場を見渡すと、西側の人民大会堂《じんみんだいかいどう》前に人だかりがしている。近よってみると、「中国魂」と大書した白幕を囲んで学生が座っていた。全国人民代表大会《ぜんこくじんみんだいひょうたいかい》（国会にあたる）に提出した七項目の陳情についての返事を、静座しながら待っているのだという。

この間にも、広場には各大学のデモ隊が次々に到着。そのつど、市民から歓声があがる。この段階では学生の行動は理性的な、秩序立った請願行動だった。学生の動きは市民の支持を得て大きな盛り上がりをみせていた。

私は中国の若者の情熱あふれる行動に打たれ、この日からは欠かさず天安門広場に、そして北京大学、人民大学に足を運んで、この世紀の学生運動を見守った。

「動乱」の決めつけに反発した師範大学からのデモ隊

四月二十二日、胡耀邦の告別式のあと、党、政府の主要機関がある中南海《ちゅうなんかい》の新華門《しんかもん》前でのこぜりあいあたりから、様相が険悪になってきた。そして、学生の行動が、一変するのが四月二十六日である。

二十六日の『人民日報』社説は、学生の行動を「動乱」と決めつけた。愛国運動と自認していた行動を動乱と決めつけられたことから、学生たちは反発。動乱のレッテルの撤回を求めて、大規模な抗議デモへと発展した。

この『人民日報』社説に反対する学生デモが、北京師範大学に集合してから、天安門広場に向けて行進するとのニュースを、近くの中国人民大学の大字報《ターツーパオ》（壁新聞）からつかんだ私は、二十七日朝、学生デモが出発するという北京師範大学の校門前に駆けつけた。五年前の留学で、勝手知ったるキャンパスである。さっそく中に入る。

学生たちは、キャンパスの中にある三八記念碑の前で集会を行なってから、九時、赤地に黄色で、校名、学部名を染め抜いた校旗や学部の旗を先頭に、「真実を報道せよ」「学生運動への濡れ衣を晴らせ」「憲法擁護」などの横断幕を掲げながら、校門に向けて行進を開始した。

私は一足先に外に出る。校門のところには大勢の市民がつめかけて、学生デモ隊が出てくるのを待っていた。その中に、四、五人の男女学生がいて、この日のデモについてしきりに話しあっている。私はデモのことをよく知りたくて、彼らに話しかけた。大学院生だという。

師範大のほか、北京大学、清華大学からも出発の予定で、北京大学はすでに出発したはずだという。彼らは隊列には加わらず、応援にまわるのだとも。さらにいろいろ尋ねようとしたとき、動きがあった。

デモの隊列が校門にさしかかる。校外に出ようとしたが、門が閉じられている。しばらく交渉が行なわれたあと、ようやく話し合いがついたらしく、デモ隊は横の通用門から表通りに出た。

そこで、道路いっぱいに広がって隊列を整える。先頭の列は、学部の旗や「改革・開放を堅持する」「民主万歳」などのスローガンを書いた横断幕を掲げていた。

校門前は黒山の人だかり。付近のビルの屋上にも窓にもいっぱいの人だ。

デモ隊は、両側を手をつないだ糾察隊《チュウチャトイ》（ピケ隊）が守って、整然と歩きはじめようとした。出発は予定よりかなり遅れて、午前十時になった。

デモの先頭に中文系《チュンウエンシー》（中国文学学部）の旗が見える。デモ隊が前進をはじめようとしたが進めない。校門を出た道路いっぱいに武装警官が展開し、阻止ラインを敷いていた。武器を持たず丸腰だが、互いに腕を組んで二重三重に並んでいた。デモ隊はそこでストップ、警官隊と対峙。ともに手を組んで押し合いになる。学生はいっせいに叫ぶ。

「譲開《ランカイ》、譲開《ランカイ》」（どけ、どけ）

周囲をとりまく市民も、これに唱和して、「譲開、譲開」と叫ぶ。

市民の応援を得たデモ隊が押せば、すぐに警官隊が押し戻す。そのつど、取り囲んだ市民の群れがどっと崩れる。熱気に包まれた押し合いが、路上いっぱいに展開。巻き込まれたら危険だ。隊列の動きは、高く掲げられた旗竿の動きでわかる。旗竿が少しずつ進んでは、またあと戻り。もみあっているうちに、一瞬、警官隊のガードにすきができた。すかさずデモ隊がそこをつく。ワアッと歓声があがった。デモ隊の動きが武装警察を圧倒したらしく、前進をはじめた。外側の人波も動く。私もそれにつれて歩きはじめた。時計を見ると、十一時。小一時間もみあっていたことになる。

デモ隊は勢いづき、さらに熱気に包まれた。学校から一キロ先は、新街口《シンチエコウ》の繁華街。堀があって、それに沿って城壁が連なっている。城門があったところだ。堀にかかった橋を渡った前方に、武装警察による阻止線が敷かれていた。さっきよりも人数が多い。ここでまた、衝突があるのか、と気になる。

若者の熱意に心惹かれてデモの道づれに

デモ隊が目指すのは、天安門広場だという。気が遠くなるような距離だ。宿舎のホテルからは、ハイヤーでも四十分かかる。

しかし、この中国の若者の熱意には、心が惹かれた。そのひた向きな動きに打たれ、日本の明治維新を思わせるような若者の情熱を、見とどけたいと思った。政府がどう対応するかにも興味がある。とにかく行けるところまでついていってみようと思った。

武装警察の阻止ラインを前に、デモ隊の先頭が動いた。直進すれば衝突という寸前で、それを回避、右手にコースをとった。徳勝門《とくしょうもん》西大街を西に進み、西直門《せいちょくもん》を目指した。西直門の立体交差路に向けて道路は上り坂になった。立体橋にかかると、二重になった橋の上も、人で埋めつくされている。

隊列が伸びた。デモ隊に先行して歩いていたら、一人の学生に声をかけられた。今回の学生運動についての感想を聞かれる。師範大の歴史学専攻の大学院生で、この日は隊列に加わらず、声援にまわって天安門広場まで行くという。話しあっているうちにすっかり意気投合、つれだって歩く。恰好の道連れができた。

西直門にさしかかる。右手の道路からも、別の大学のデモ隊がくる。清華大学の旗も見えた。双方のデモ隊が合流。観衆もさらにふくれあがっていた。

道路中央を進むデモ隊は、赤い学部の旗のあとに、「学生運動への濡れ衣に抗議する」と書いた横断幕がつづく。

西直門橋からデモ隊は南。車公荘《しゃこうそう》の交差点にかかったのは正午だった。ここにもまた武装警察の阻止ラインが、道路いっぱいに何列にもなって敷かれていた。規模の大きいもみあいがつづく。声援の学生や市民の多くは自転車を押しながらなので、たいへんな混雑、危ないことおびただしい。

デモ隊からは例によって、「譲開、譲開」のシュプレヒコール。そのうち、十字路の右のほうの通りから人民大学のデモ隊の旗が進んできた。これが警官隊の側面を突く格好になり、均衡が崩れた。警官隊の阻止ラインが破られ、学生は歓声をあげた。渦のような押し合いにピリオドが打たれ、デモ隊は前進に移った。

ここから、にわかにスピードがついた。もう一時すぎ。ここまで一時間以上かかったことになる。

大通りを南下しているうちに、各大学のデモ隊が合流しはじめ、デモの流れはいっそう勢いを増した。北京理工大学の旗も、清華大学の旗も見えた。いろいろな横断幕が掲げられている。

「われわれは間違っていない」

「腐敗反対、官倒《クワンダオ》(ブローカー)反対《ファントイ》」

というのもあった。学生の顔はみな輝いていた。

「民心欺くべからず」

「民心を失う者は天下を失う」

「平和請願は動乱ではない」

とそれぞれ学生の心情を訴えていた。

広い通りを一色に染めた圧倒的なデモの波

政府機関がある中南海前を行くデモ隊

学生のシュプレヒコールがひときわ高まり、広い通りは、デモ一色に染まった。沿道で見つめる市民からも、拍手、歓声があがった。

車公荘を過ぎた右手沿道には、工事中のビルがいくつもあり、屋上には、ヘルメットをかぶった多くの労働者の姿が見えた。彼らは、デモ隊のシュプレヒコールに呼応し、手にした工具を打ち鳴らしながら、リズミカルな声援を送っていた。

まもなく阜成門《ふせいもん》の立体歩道橋にさしかかった。陸橋の上は、市民がそれこそ鈴なりになって、橋の下を通るデモ隊に手を振り、歓声をあげる。橋の上と下とで呼応しているのが印象的で、学生の運動が市民の支持を得ているのがはっきりと感じとれた。

この日、学生と市民のあいだに生まれた連帯感は画期的なもので、歴史に新しい一ページを添えるものと思われた。

いまでも目を閉じると、あの日の光景がまぶたに浮かび、海鳴りのようなあの日の歓声が聞こえてくる。中国に来てから、最も感動した一日だった。

デモ隊は復興門《ふっこうもん》の立体橋を上がって左折し、西長安街《にしちょうあんがい》大通りに向かった。朝から数時間歩きづめで、喉がカラカラになったので、いっしょに歩いてきた師範大の大学院生と手分けして、沿道の商店からジュースを求めて水分を補給した。

この通りは、各校の隊列が合流してデモ隊が次々につづき、沿道は群衆がぎっしりで、通り抜けるのがたいへんだった。また、市民は自転車を押しながらついてくるので、歩道はますます混雑する。そのうち、北京きっての繁華街、西単《シータン》にさしかかった。

この先には、党、政府の枢要機関がある中南海の新華門がある。中南海はベンガラ色の長い塀に囲まれ、外界と遮断されている。

ここは新華門前を経て、天安門広場に向かう最後の関門になっていた。枢要の場所近くとあって、さらに人数を増やした武装警察の阻止ラインが敷かれていた。

即席ボディーガードに守られ広場までを歩き通す

デモ隊の足が止まった。

勢いに乗る学生デモ隊、声援の市民、堅い阻止態勢を敷く武装警察、大きな波がうねるように人垣が崩れた。十字路なので、人の波が一段と増えて、身動きがとれない。ことに自転車を押した市民のそばは、危なくてしようがない。

立ちすくんでいたそのとき、思いがけないことが起こった。

朝、デモ隊出発のさい、北京師範大学の校門の前で、デモのコースなどについていろいろ説明してくれた学生が、向こうの波の中にいたのだ。向こうも私に気づき、人波をかき分けて、こちらに近づいてきた。興奮した彼の表情からみると、ここで私と会ったのが意外だった様子。

朝、ちょっと言葉を交わした外国の年寄りが、学生とはるばる歩いてついてくるなんて、とても考えられないということのようだ。顔を紅潮させながら彼は言う。

「私は感動した。あなたがここまでくるとは思わなかった。あなたに怪我《けが》をさせてはいけない。私はあなたを守る。それが私の任務だ」

きついなまりのある方言でくりかえす。

それから彼は私のボディーガードを買って出たのである。彼は理工系の大学院生だという。こうして私には、先の道連れと合わせて、二人のボディーガードがつくことになった。

彼らは、デモにともなう危険から私をかばうとともに、私の助手もつとめてくれた。カメラのシャッターチャンスがあると、二人で私の右と左の腿を抱え上げてくれる。

「先生、それ、ここだ」

私は中国の若者の純情に打たれ、彼らの好意を受け入れることにしたが、こうなった以上、私はどうしても脱落するわけにはいかなくなってしまった。

彼らにかばわれながら、人の波に押され、あっちこっちともまれているうちに、とうとうデモ隊はこのラインを突破した。それにつれて、私たちも先に進んだ。

新華門の前にさしかかる。二人の青年はここでもさっそく私を抱え上げて、シャッターチャンスを与えてくれた。

やがて、人の波は天安門前にさしかかる。

「愛国無罪」の横断幕が進む。デモ隊は、そのままさらに東進をつづけた。

そのとき、天安門のほうから、兵士を乗せたトラックが次々にやってきたが、いずれも引き揚げていった。市民はこれにも歓声をあげて見送った。ここでは、武装警察の阻止行動はなかった。

私は二人の青年とともに天安門広場に入り、長安街を進んでくる学生デモ隊を迎えた。

朝、いっしょに出発した師範大の中文系の旗を迎えたときには、午後六時すぎになっていた。じつに出発以来八時間、歩き、そして立ちつくしたことになる。

このとき初めて、自分の膝小僧が笑っているのに気がついた。われながら、よく歩いたものだと感心しきり。ひさしぶりに五十年も昔の学生時代に返った思いがした。

デモ隊はさらに東に進んでいったが、その後、それぞれの学校に引き揚げたと思う。私たちは天安門広場の中で、興奮しながら、この日の感想を語りあった。翌日、彼らにはそれぞれ学校があるので、北京飯店でひと休みしたあと散会。西単からボディーガードをかってくれた学生といっしょに、ハイヤーでホテルに引き揚げた。

この四月二十七日のデモでは、学生たちは流血を覚悟し、中には遺書をしたためた者もいた。

「五四《ごし》運動」七十周年にともなった北京大学の五四デモ

五月三日午後、四月二十七日のデモのとき知り合った朱傑《しゅけつ》君から連絡が入った。

「明日、五月四日、北京大学からデモが出ます」

この年は、「五四運動」の七十周年にあたっていた。五四運動とは、第一次世界大戦の講和会議で決まった、山東省におけるドイツ権益を日本に割譲するという講話条件に対する不満に端を発した愛国運動で、リードしたのは北京大学の学生たちであった。これを契機にして、中国では科学と民主化運動が一段と進むことになった。その意味でも、中国近代史における記念すべき運動である。

この五四運動の七十周年にあたり、政府の対応に不満を抱く学生たちが一大デモを計画した。そこで、今度は民主化運動の総本山ともいえる北京大学のデモについてみることにした。

北京大学は師範大学よりも三、四キロ北西にあり、少し遠いが、四・二七デモの経験からして、歩けるだけついていってみようと思った。連絡をくれた大学院生の朱君が、どうしてもついて行くというので、行をともにすることにした。なにしろ、朱君はあの日以来、よくホテルに訪ねてきては、しきりに忠告。

「北京は危ないので、一人で出かけないで」

北京大学を出発する「五四デモ」

私のボディーガードをもって任じているので。

この日も快晴だった。午前八時、北京大学に向かう。朱君と中関村《チュンカンツン》に面した校門、南門《ナンメン》で落ち合う。南門の前は、すでにつめかけた市民でいっぱいだった。校内に入って集合状態を見る。

「五四精神を弘揚《こうよう》せよ」

「再び七十年は待てない」

そうしたスローガンを書いた横断幕が見られる。

北京の五月は、春のさかり、樹々の緑はしたたるようで、学生たちの顔も、明るく輝いていた。

午前九時近く、デモ隊が南門から出発。赤地に北京大学と書いた横断幕を先頭に、各学部の旗がつづく。先頭を行くプラカードの文字は、「民主と科学万歳」であり、「鉄肩道義を担う」である。

官製の対話非難のプラカードもあった。糾察隊《きゅうさつたい》の腕章をつけたピケ隊が、例によって、互いに腕を組み、デモ隊の両側をガードしながら進む。沿道には、切れ目なく並んだ市民が声援を送る。デモ隊は、シュプレヒコールを繰り返しながら進んだ。

「北大《ベイター》、北大《ベイター》、人民養大《レンミンヤンター》、為了人民《ウエラレンミン》、流血不怕《リュウシュエプパー》」（北京大学よ、北京大学よ、北京大学は人民が育ててくれた。その人民のためなら、流血さえ恐れない）

道いっぱいに散乱した靴、さらに印象的だった「打倒独裁」の幕

北京大学を出発したデモ隊は、中関村から海淀区《ハイティンチュイ》の大通りを抜け人民大学の前を進む。人民大学からはすでにデモ隊が出発したようだ。私たちの泊まっているホテル、友誼賓館の前を通り、一路南下をつづける。

このへんから各大学と合流しだした。人民大学、清華大学の旗のほかに、南開大学、武漢大学など北京の外の大学や、深圳《しんせん》大学の旗まで見える。

この日は前回と違って、ここまで警官隊の阻止行動がなかったので、デモの進み方が速かった。ピケの外側を進む私たちをあとに、さらにスピードをあげた。国立北京図書館を過ぎると、首都体育館と向かい合って紫竹院《しちくいん》公園がある。そこの前に、大勢の武装警察の姿が見えた。衝突が起こるのではないかと緊張が走った。しかし、警官たちは規制するわけでもなく、お互いに談笑しながらデモ隊を見送っていた。

広い十字路を渡る。デモ隊の中には、衣装に工夫をこらした者もいて、黒い上着の背中に黄色

のペンキで、「不怕《プウパー》、不怕《プウパー》」（こわくない、こわくない）と書いてあったりする。前を進むデモ隊と距離が開きかけたので、あとの列が駆け足になる。空いた列と列のあいだの道路上に、靴がいっぱい散乱していた。うしろの人に踏まれるなどして、脱げたのか。それにしても、靴が脱げた学生は、さぞ困ったことだろうと思いながら、こちらも少し駆け足になる。

すると、その先の道路の真ん中に、人だかりができていた。近づいてみると、なんと大きなかごいっぱいに、新しい布鞋《プシェ》（布ぐつ）やサンダルが山盛りに積まれていた。靴をなくした人がいるかと思えば、いち早く新品の靴を提供する人がいたりする。有料か無料か、聞き忘れたが、ユーモラスというか、機をみるに敏というか、こういうところがいかにも中国らしい。

デモには多くの女子学生も参加していた。北京大学のデモには、車椅子の女性もいた。また、女子学生がスローガンの音頭をとるデモ隊もあった。

デモは快調に進み、復興門の立体橋にさしかかった。橋の欄干に、上海の復旦《ふくたん》大学、天津の南開大学の横断幕が張られていた。学生デモは、北京の大学にとどまらず、上海、天津など他の都市の大学にもおよんでいるのがよくわかった。

橋の上からも、横の土手からも、鈴なりの市民が声を張り上げては声援を送っている。

西長安街の大通りに入った。この日は気温が上がったこともあって、上着を脱いで首に巻いたり、肩にかけたりする学生もみえる。アイスキャンデーを頬張りながら行進する者もいた。

四月二十七日のデモのときに激突が起こった西単にかかった。しかし、武装警察の姿はあったが、規制はなかった。新華門の前も、沿道につめた市民で狭くなった通りを、学生たちは胸をはって行進した。やがて、天安門だ。天安門の前に、デモ隊の旗が見える。紺碧《こんぺき》の空に映える天安門。高く掲げられたデモ隊の校旗。中国に新しい民主の日がきたという喜びに、広場全体が沸いているかのような観があった。

天安門をバックに、「弘揚五四精神」の横断幕とともに、「打倒独裁」の大きな幕が見えたのが印象的だった。

広場には各大学の旗が林立。学生は広場に座って、喜びに浸っている。時間は午後三時をまわっていた。二〇キロの距離を、六時間近くかかったことになる。

このときには、一ヵ月後に人民解放軍による血の弾圧という悲劇に見舞われようとは、だれしもが予想できなかった。

武装警察ほかの行動を心配しての純真で朴訥な青年の好意

夜、テレビのニュースで、デモの放映があった。それによって、一部で武装警察の阻止行動があったことを知った。これでやっと、靴がたくさん脱ぎ捨てられていたことの謎が解けた。

デモでは、朱君が私にぴったりついて、リュックをかついでくれたので、とても助かった。一方、高揚した気分の朱君は、終始行動をともにして、満足げだった。

それにしても、中国の若者の献身的奉仕ぶりには感心させられた。

この一連の学生運動を通じて知り合った中国の若い友人、朱君は、その後もよく、友誼賓館の私のところに訪ねてきた、そして、大学生の民主化運動の動きについて、いろいろと話してくれた。眼鏡《めがね》をかけた地方出身の朱君は、いつも口をとがらせながら熱っぽく語った。

純真で朴訥な感じのこの青年は、どういうわけか、私たちのところが気に入ったらしく、三日とおかず訪ねてきた。そして、私のことを気づかって、しきりに言う。

「いまの北京はとても危険なので、一人では出歩かないでほしい、もし出かけるなら、私がついていくから」

彼の好意はありがたかったし、その実直さには感じ入った。しかし、いま北京で起きている学生運動は歴史的出来事だとみる私は、千載一遇の好機を見逃すわけにはいかない。仕事の合間を縫っては、天安門広場に、北京大学に、人民大学にと駆けめぐった。そのうち、公共交通機関、地下鉄、バスも動かなくなったので、もっぱら日本から持っていった自転車で走りまわった。

あるとき、ホテルに帰ったら、朱君が待っていた。目を三角にして、くってかかってきた。

「先生、一人では危ないですよ。どうして一人で出かけるんですか」

「危ないところには行かないから、安心して」

懸命になだめたが、彼は不満そうだった。

戦車が出動しての武力鎮圧を目撃

さて、四月からつづいてきた学生運動は、五月に入って、ハンストに突入。広場でのハンスト参加者が増えるにつれて、ピケ隊の規模も増し、緊張の度合いが高まっていった。五月十五日にはソ連のゴルバチョフ書記長が訪中することになっていたため、ハンスト座り込みの排除があるのではないかと予想されたが、武装警官隊は、周囲に群がった市民を立ち退《の》かせただけで、ハンスト学生はなおそのままにしていた。

そして、膠着《こうちゃく》状態の様相を呈したまま六月を迎えたあたりから、情勢が急変しはじめた。六月四日、日曜日、今日あたりがヤマかもしれないと気になった私は、朝九時すぎ、自転車を駆って、天安門広場を目指した。どんよりした曇り空だった。

ちょっと走ったところ、前方から黙々と歩いてくる学生の集団が目についた。横に十人ほどの隊列を組んでいたが、いつもとは様子が違って、足どりに力がない。

沿道の市民も、息を殺してみつめる。このとき、中の一人が催涙弾らしきものをかざした。つづいて、隣の学生が血染めの布をかざした。「見てくれ。友のだ」と訴える。もう一人は、指先につまんだ薬莢《やっきょう》を示す。

この瞬間、私は悟った。たいへんなことが起きた。武力鎮圧だ。武力鎮圧によって、犠牲者が出たのだ。

このときとっさに撮った写真をあとで見ると、集団の最前列中央に、五月十四日から十五日にかけての深夜、広場で座り込みの総指揮を執っていた柴玲《チャイリン》の姿があった。

ついに五四デモは天安門広場に到着――以後に〝事件〟が起こる

天安門広場を目指すと、途中、焼けただれ、道路をふさぐように横倒しになった大型車両、散乱する投石の跡などが、前夜からの衝突のすさまじさを物語っていた。

共産党や政府機関がある中南海の正門にあたる新華門の前には、四両の戦車が陣取って、天安門広場への道を封鎖していた。西単の交差点には、二ヵ所に大きな血の跡。

さらに様子を知ろうとして先に向かいかけたところ、一両の戦車がこちらに向かって発進。私はとっさに道路脇に身を寄せる。戦車は砲身を左右に振りながら、キャタピラーの轟音もけたたましく、猛スピードで目の前を走り去っていった。かと思うと、少し先でくるりと方向転換、今度は催涙ガスのような黄色の煙をあげながら、また通りすぎていった。

長居はできない、その場をあとにして、長安街を西のほうに向かう。途中、復興門大街と立体交差する橋の手前にさしかかったところ、先の路上で、擱座《かくざ》していた戦車が燃えあがりはじめた。さらにその先、燕京《えんきょう》飯店の前あたりでは、奪った戦車を市民たちが乗りまわして気勢をあげている。

あまりの光景に、呆然と立ちつくしていたそのとき、一人の青年が声をかけてきた。西単近くの病院の医師だという。

「昨夜は、負傷した人がどんどん運び込まれてきてたいへんだった。死んだ人もいて、まだ廊下に並べたままだ」

いたるところが無秩序のようだ。そのあと、私は北京大学に向かったが、友誼賓館の隣の人民大学の校門に、「殉国の士を祀る」と大書した紙が掲げられ、白い花と犠牲者と思われる学生の写真が飾られていた。

北京大学では、昨日までの活気があったキャンパスが嘘のようにひっそりしていた。突然アナウンスが流れた。

「ここも危険が迫っています。地方の大学の方は至急、本校を離れてください」

応援のために寮に泊り込んでいた地方学生に、退去を呼びかけたものだ。

やがて、雨が振ってきた。寒さにふるえながら、急いで壁新聞をさがす。

「民主の闘士は、死してやまず」

「先立たれた戦友たちよ、共和国の礎石の上に、あなたの名は必ずや刻まれるでしょう」

天安門広場でのハンストをふくむ学生運動は、この日、世界を震撼させた天安門事件の悲劇をもって終止符を打った。

若者との交流の中の椿事「あなたの系図に入れて」

天安門事件に至る騒然とした空気に包まれていたある日、突然、朱君から思いがけない申し出を受けた。

「先生、私を先生の宗譜《ヅンプゥ》に入れてください。お願いです」

思い詰めたような顔で言う。

あまりのことに、あぜんとして、朱君の顔をまじまじと見る。しかし、冗談ではなく、彼は真剣そのもの。私は目をパチクリさせるばかり。

「宗譜」。一族の系譜、いわゆる家系図のことだ。つまり、自分を私の系図に入れてほしいというのである。なにを買いかぶったのだろうか。

ふと、曹禺《ツアオユ》の原作話劇『原野《ユアンユエ》』を観たときのことを思い出した。

舞台の中央に、客間がしつらえてある。正面に祖先の大きな肖像。その脇に、先祖代々の名前を書いた系図が掲げられている。いかにも重々しい感じがした。

中国の古い習慣では、家系を大切にするということは聞いていたが、新中国になってからもそういうことがあるのかと衝撃を受けた。

黄山山麓の明・清時代の豪商の母屋
――客間の正面に祖先の肖像画や家系図が掲げられている

その後、訪ねた南方の名勝、黄山《こうざん》の麓の集落には、明・清時代の豪商の古い民家が保存されている。その母屋の真ん中に、堂屋《タンウ》と称し、祖先を祭った仏壇などを供えた客間がある。

客間の正面に、『原野』の舞台で観たと同じように、祖先の肖像画や家系図が掲げられていた。これが宗譜で、連綿と伝わる系譜は、一族の誇りなのだ。

朱君の願いは、自分を私の家系に入れてほしいというのだ。彼の故郷にはまだそういう風習が残っていたのだろうが、正直言って、これには驚き、かつ困惑した。

親近感をもたれるのはありがたいが、そのこととこれは別だ。どうやらとんだ思い違いをしているらしい。あいまいにしておいては誤解を招く。はっきりとさせることにした。そこで、昔はともかく、いま日本にはそういう風習はないと説明し、きっぱりと断った。

朱君はなかなか納得しなかったが、最後にはしぶしぶ了承した。これは私にとっても、思いがけない体験だった。

朱君はその後、在学中にドイツに公費留学。卒業後も専門の道を進んでいる。社会に出て数年後、新しく所帯を持ち、新婚の妻とともに、当時勤めていた北京大学の私たちの宿舎を訪れるなど、変わりない交流がつづいている。

宗譜のことは、もう持ち出すこともなく。

第5章

北京大学工藤教室

再々々訪で北京大学の教壇に立つ

一九九五年（平成七年）九月から二年間、私と妻は北京大学の教壇に立った。そして私たちと北京大学の学生とのあいだに、不思議な縁が生まれたのは、一九九五年早春、東京のある会合の席で知人の中国人に話しかけたのがきっかけだった。

「北京で、私になにかお手伝いできることはないでしょうか」

「それなら、北京大学がいいでしょう」

私は一九八四年（昭和五十九年）から七年間、外国人専家《せんか》として、北京で人民中国雑誌社、中《ちゅう》央編訳局《おうへんやくきょく》（党機関）、中国画報社など中国の機関で仕事についてきたが、その間に大学から声がかかったこともあって、大学の教壇には関心をもっていた。

北京大学は、日本で言えば東京大学に匹敵する、中国の最高学府である。私は心が動いた。帰ってすぐに妻に話すと、日ごろから北京行きを熱望していた妻は、大賛成。さっそく希望を書いて北京大学に送った。

四月中旬、北京大学と国家教育委員会から正式な招聘《しょうへい》状がとどいた。学部からの連絡によれば、私は日語科の高学年を、北京大学に留学経験をもつ妻は、低学年を担当することが決定。こうして、私たちの北京再訪が実現したのだった。

空港で、大学側が用意してくれた車に荷物を積み込み、北京大学に向けて出発。途中、日本円

北京大学（西門）で学生たちと

を中国元に両替するため、北京友誼賓館《ゆうぎひんかん》に立ち寄った。専家をしていたとき、七年間、宿泊していた懐かしいホテルだ。ひさしぶりなのに、両替所の係員も私たちを覚えていて、声をかけてくれた。

友誼賓館から北へ車で十分ほど、北京大学に到着して案内された宿舎は、広いキャンパスのいちばん北にある朗潤園《ろうじゅんえん》という清朝ゆかりの庭園の一角に建てられた北招待所というところ。

中国では、学校や機関に「招待所」という賓客用の宿泊施設がある。北招待所は三階建てホテル形式の建物で、外国人専家専用に充てられていた。

国務院国家外国専家局の所管である外国人専家には、文教専家、経済専家、科学技術専家があり、私は文教専家として勤務した。

私たちの部屋は二階の南向きで、窓の下には朗潤湖が横たわり、すばらしい眺めだ。大きな居間と寝室、バス、トイレ、キッチンがついていた。

洗濯機はなかったが、冷蔵庫、テレビも備えつけてあった。

広大なキャンパスで、教室や全寮制の学生寮からは、歩けば二十五分から三十分の距離だが、学生が自転車で飛ばせば三分から五分と、ごく近い。

初講義から親しみ、わが家が第二教室に

一九九五年九月七日、北京大学日語科での初講義の冒頭、自己紹介に入った。

「私は本州最北端の青森……」

言いかけたとたん、いっせいに声があがった。

「りんご！」

これで、緊張した空気が、いっぺんにほぐれた。

これほど日本のことについての知識がある学生だが、悩みのタネは、日本の食事のこと。一年生が初めて取り組む日本語のテキストに、日本の代表的食物として、味噌汁、玉子焼き、納豆、カレーライスが登場する。

記憶力抜群の学生たちは、名前はすぐ覚えてしまう。しかし、その味については、実感がわかない。しょせんは、絵に描いた餅である。

「いっそ、学生さんに食べてもらったら」

大学低学年の会話と視聴覚を担当する妻の発案で、さっそく実施。

第二教室のわが家で初めてのカレーライス

十二月初旬の土曜日、夕方、妻の教え子の二年生がそろって姿を見せた。全部で十九人。まず乾杯。みんなはテーブルの上に並べられた初めて目にするカレーライスを、興味津々の面持ちで見つめている。

学生の一人がおそるおそる口に入れた。

「おいしーい」

そう言ったとたん、ほかの学生たちのスプーンがいっせいに動きだした。山盛りの一皿をペロリとたいらげては、おかわりの連発に、しきりに気にしていた妻もほっとひと息。

食事の間、会話は日本語で、ということにした。だから、この食事会も、一種の課外授業、さしずめわが家は、第二教室といったところだ。

ビデオ観賞会もたびたび催した。そのほかにとくに大好評だったのは、妻が日本から持参した浴衣の試着。学生が交代で着ては、日本情緒を満喫、大喜びだった。

よく似た風景が、昔あった。戦前、上海の東亜同文書院大学時代のことである。やはり全寮制の寮から、よく学内の教師宅に出かけたものだ。

すぐれた見識で太っ腹の名学長だった本間喜一先生のお宅では、時局について書生論をぶつのをにこにこしながら聞いてくれた。『中日大辞典』を手がけた中国語の泰斗《たいと》、鈴木択郎先生のお宅にもよくお邪魔した。おもてなしのお茶菓子が目当てで、懐が寂しくなったころだった。

北京と上海、場所も時代も立場も違うが、子弟の間柄はそっくりである。私は、もういちど学生時代の気分に酔った。

痛快、奇想天外な発想からの〝悪い学生の報復〟物語

北京大学は中国の最高学府である。その学生は、それぞれの出身地ではトップクラスの成績という粒選《つぶよ》りの秀才ぞろい、エリート中のエリート集団である。といっても、いわゆる青白き秀才などではない。私が接したのは、いずれも個性豊かで、なんとも頼もしい青春群像であった。

「私は悪い学生だった」

だから、私は、この書き出しの一行には、正直言って跳びあがらんばかりに驚いた。

一九九五年秋、授業をはじめてまもないある日、三年生に出した宿題の作文に目を通していたときのことだ。題は「私と北京大学」。

私にはどうしても、「北京大学」と「悪い学生」とが結びつかない。つづく文章を、息を詰めて読んだ。

「悪い学生にとって、大学にはとても入れない。北京大学のような一流大学はいうまでもない」

日本で悪い学生といえば、品行が悪い学生とか、非行少年を連想する。この文の学生は女子だから、非行少女ということになろうか。

この作文を書いた女子学生、胡梅《こめい》さんは、教室では右側の奥のほうに座っていて、あまり目立たない。最初に書かせた「自己紹介」でも、これといった特徴も感じられず、授業中も他の学生のように積極的な反応を見せるということもなく、ごくふつうの学生という印象だった。

日本語はまだこなれていない。中国語と日本語の混同がみられたりして、上達するまでには少し時間がかかるかな、という感じがした。

「悪い学生として、生活はそんなに楽しくなかった。学校では、先生に留年を勧められたり、クラスメートに軽蔑されたりしていた」

学校生活、高校生時代の苦悩がつづく。ここで文は一転する。

「そのころ、私は極端に走ってしまった。いつも不公平だと感じて、先生を恨んでいた」

不満を抱いた彼女はどうしたか。

「報復のために、私は天地を震動させるようなことをしようと思った」

なんと強烈な言葉だろう。「天地を震動させるようなこと」とは、どういうことか、私は固唾《かたず》を呑んだ。

「学生として天地を震動させるとは、いちばんむずかしい大学に進むことにほかならない。すなわち、北京大学に進むことだ。そう決心したあと、私は一生懸命に勉強した。一年近くの時間が過ぎて、ついに北京大学に入った」

「悪い学生」はとうとう「報復」を遂げたのである。私は思わずうなってしまった。なんという痛快な報復を考えたことか。

「いま、私は北京大学の三年生である。高校三年のことはもうはるかな追憶になった。ときに、そのばかばかしいことを考えると、思わず吹きだしてしまう。でも、そのばかばかしいことがなかったら、今日の私は、浪人していただろう。浪人であるかどうかは、そんなに大きな問題ではない。だが、北京大学に入らなかったら、私は一生悔いを残したと思う」

なんという強烈な個性、奇想天外な発想か。この「悪い学生」に、私は強く惹きつけられた。彼女がいう「悪い学生」は、私が考えた「品行が悪い学生」ではなく、「成績が悪い、ぐうたらな学生」の意味のようだが、私はこの「悪い学生」に関心をもった。そして、このような激しい個性の持ち主が教え子にいることに、強い責任感を覚えた。

彼女の文章には、毎回キラリと光るものがあった。だが、日本語としてはまだぎごちない。はちきれそうなエネルギーがあるのに、それをうまく表現できないもどかしさが感じられた。

「間違いをおそれるな。外国語で表現するのだから間違って当たり前だ」

私が講義の冒頭で言った言葉を、彼女は忠実に実行。積極的に宿題をこなしては、真っ先に提出するようになった。

「悪い学生」像の成り立ちと「報復」への理由

私は講義が終わってから、学生とよく学生食堂で食事をとるようにしていたが、胡さんもクラスメートといっしょに加わったり、また、教師宿舎の私の部屋にもよく顔を見せるようになった。たびたび彼女の話を聞いているうちに、この興味深い「悪い学生」像の成り立ちがはっきりしてきた。

胡さんは小学校のころから成績がよかった。中学では、飛び級で進級している。そのまま真面目に勉強していたら、「悪い学生」は生まれなかっただろう。ところが、彼女は好き嫌いが激しく、高校一年のころには、好きな物理以外の学課は、「みな、めちゃくちゃだった」という。

物理の先生は彼女を「天才」扱いし、他の学科の先生は彼女を「バカ」扱いした。クラスのみんなからは白い目で見られた。いわゆるいじめにあったのである。苦しくてがまんできなくなった胡さんは、二年生に進級するとき、転身を図った。大好きな物理に別れを告げて、文科のクラスに移ったのである。

しかし、基礎学力が不足している彼女が遅れをとりもどすのは容易でない。飛び級で進級し、ほかのクラスメートよりも年齢が若かったこともあって、担任の教師は成績が劣る胡さんに留年を勧めた。

クラスメートからの軽蔑、先生の冷遇……誇り高き彼女は、ついに「報復」を決意する。北京大学合格を目指して。

それからの勉強ぶりがすさまじい。高校三年のときには、毎日、夜中の二時、三時まで勉強。ついに北京大学合格という目的を達成して、みごとに「報復」を遂げたのである。

日本語に出合うことからのもう一度の転機

宿願を果たした胡さんのその後はどうか。

彼女のおもしろいところは、いわゆる並の優等生でないところにある。

胡さんは日本語専攻の学生だが、とくに日本語が好きだったわけではない。北京大学に入るまでは、日本に関することは、まったく知らなかったという。だから彼女自身は、日本語を選んだというよりは、偶然、日語科に出合ったにすぎないと言っている。

北京大学に合格した当時の胡さんは、得意満面だった。自分は他人の半分の努力で同じ成果をあげられるという自信から、いつもお高くとまっていた。ところがほどなく、その自信も日本語によって微塵に砕かれる。

胡さんにとって、日本語は予想以上に手ごわかった。文法がむずかしいし、なにより、敬語の使い分けがややこしい。彼女は壁に突き当たってしまった。優越感を捨てて、懸命に勉強に取り組んだが、それでも思うようにいかない。当時のことを、胡さんは作文で述べている。

「日本語はやる気がなくなりました。私はまた、『悪い学生』になりました」

「作文も最初は、そのつもりで授業に出ていました」

どうりで教室では冴えない表情だったのだ。やる気がなかったわけだから。そのわけがやっとわかった。

しかし、やる気がないまま教室に出ていた彼女だが、「そのうち、なにか違ってきました」という。どうやら転機が訪れたようだ。

「先生の作文のおかげで、収穫があったと思います。このごろ、作文を書くの、とても楽しいです」

十一月ごろ、訪ねてきた私の部屋で、胡さんははずんだ声で語った。

それからの彼女は、水を得た魚のように書きだした。日本語も目に見えて上達した。年が明けた一九九六年の一月早々、訪ねてきた胡さんは、真剣な顔つきで言った。

「私、これから、日本語をばりばり勉強します」

これには、私もびっくりした。彼女のやる気はとっくに感じていたが、目の前でこうもはっきりと宣言されるとは。と同時に、中国人は日本人と違って、自分の気持ちを率直に表現するのに感心させられた。

一年間、この「悪い学生」に接して、彼女の強烈な個性、意志、努力、その反面、ときおり示すやさしい心づかいに、現代中国の若者の典型を見る思いがした。

授業開始早々、こういう異色の学生に出会った私は、すっかり中国の若者の魅力にとりつかれてしまった。これからどういう出会いが待っているのか、毎日が楽しみでならなかった。

二つの勉強スタイル――食堂への急行派と鈍行派

一九九五年秋。四年生の翻訳の授業は、少し遅れてはじまった。教室は二人がけの机が前後左右に三列ずつ並んでいる。真ん中の最前列の席に座っていたのが、譚秀陽《たんしゅうよう》君と董蘭《とうらん》さんだ。

このクラスは、教員室の評判どおり、レベルが高かった。みんな真剣に講義を聞いている。中でも熱心なのが董さん。授業中はもちろん、休憩時間になると、

「先生、さっきのところ教えてください」

聞きもらしたところの穴埋めをしては、完全なノートづくりを心がけていた。

董さんは活発でユーモアがあり、世話好きだった。私が学生といっしょに学生食堂で食事をしたいと思っているのを知るや、学生専用食券の購入を斡旋してくれたり、学生とのコミュニケーションづくりに一役買うなど、積極的に協力してくれた。とくに、この食券は、その後の私にとって、非常に役に立った。

四年生になると、就職活動が忙しくなるので、学生には宿題を出さず、教室で翻訳の演習を行なって提出させていた。

学生の翻訳の仕方には、二つのタイプがあった。一つは、出題を素早く訳し終えて提出し、さっさと食堂に向かうタイプ。もう一つは、推敲に推敲を重ね、時間ギリギリまでねばるタイプだ。

これにはわけがあった。私の授業は午前の三、四時限で、終わるのは十一時半。一方、学生食堂の昼食の時間は、十一時から十二時まで。だから、四時限が終わってすぐ駆けつけても、時間は三十分しかない。それがさらに遅くなったら、おいしいおかずは残り少なくなり、しかも冷めたまずいものだけになってしまう。

学生にとっては、この五分、十分がとても微妙な時間なのだ。

学生は教室に大きなカバンを抱えてやってくる。本やノート、辞書類が入っているのは当然だがほかの必需品として、食器と箸が入っている。食器は蓋付きのほうろう引きが多い。

九時四十分からはじまる三時限のときは、みんなはまだ平静に勉強に集中している。しかし、休憩後、十時四十分からの四時限に入り、後半にさしかかると、そわそわしはじめる学生が出てくる。それにつれて、カバンの中の食器も音をたてはじめる。いつでも食堂へ駆けつけられるよう、スタンバイの状態に入るのだ。

授業が終わってベルが鳴り響くと、教室からはさっと潮がひくように学生の姿が消えてしまう。出題を少しでも早く終えて食堂を目指すタイプが生まれるのも当然だ。

一方、ギリギリ派は、まったく対照的。董さんは、ギリギリ派の筆頭だった。ねばりにねばる。

だから、提出がいちばん遅い。必然的に、食堂へ行く時間が窮屈になる。だが、董さんは食事の時間などいっこうに気にしない。むしろ、納得するまで、翻訳の出来栄えに頭をひねり、最後に提出して、やっと食事の時間になる。

学三食堂の発見とはずむランチタイムの交流

ここで、あの食券の出番となる。

「ほかの食堂は混んでいて、先生にはとても無理」

董さんの説明で、学三食堂をよく利用した。多少割高になるが、ほかの学生食堂より昼食の時間が三十分多くとられていて、遅くなっても安心して食べることができるから。しかも、学三食堂は、教室からわりと近かった。

最初、董さんら三人の女子学生とともに向かったが、入り口にさがっているビニール製ののれんをくぐり、中をのぞいたときには驚いた。広々とした空間に、四人がけのテーブルがずらりと並んでいる。その二百人分ほどの席が、どこも満席で、空席などまったく見当たらない。

学生たちはメニュー別になった窓口でおかずを買い、お盆に載せて、自分が確保しておいた席について食事する。とても忙しそうな動きだ。

私たちはまず、董さんたちが手分けをして、席の確保にかかる。四人分の席ともなると、確保も容易ではない。やっと目鼻がついたところで、私が手に入れた食券で三人がおかずを買いに行く。その間、私は席で留守番。

とにかく、中国の若者たちの食欲はすさまじい。山盛りのおかずを、またたく間にたいらげてしまう。すぐにテーブルの主が入れ代わり、回転が速い。

最初に食べたのは、董さんおすすめの肉入りうどん、なかなかおいしい。学生食堂の食事もまんざらでもないと思ったが、なにしろ量が多い。私は半分でもう十分だったが、彼女たち三人はペロリとたいらげていた。

学生たちは、食べながら学生生活のあれこれを語ってくれた。得がたいコミュニケーションの時間でもあった。このルートが開けてから、食事時間を気にしないで、翻訳に集中するギリギリ派が増えた。

十一月中旬のある日、問題がむずかしかったせいか、みんなが翻訳に手間どっていた。やっとすんで帰り支度をしていると、董さんから声がかかった。

「先生、食事でしょう。いっしょにまいります」

いつもは私のほうから学生に声をかけるのだが、学生からは初めてだった。どうやら学生のあいだにも、授業がすんでからの会食が定着したらしい。この日、最後までがんばっていた学生七人といっしょに学三食堂に向かう。

食事のときは、話もはずむ。私は彼女たちが紹介する学生生活の生《なま》の話題が珍しく、中国の若者たちとのざっくばらんな会話が楽しかった。

さまざまな春節（旧正月）休みの教え子たち

十一月ともなると、気温は急激に低くなってくる。寒さに弱い私は、ダウンのオーバーにくるまりながら登校した。年を越して一月、前期末試験が終わると、春節（旧正月）の冬休みに入る。春節には、帰省した教え子たちから、年賀の電話がかかってくる。菫さんからも春節の朝、早々と電話がかかってきた。

「先生、新年おめでとうございます。お元気ですか。こちらは近くの蘇州に大雪が降りました。本当ですよ。零下四度か五度ですが、暖房がないの。寒いですよ。でも、たくさん食べて太ってしまいました。来学期もがんばります。よろしくお願いします」

明るい声だったが、菫さんの電話にもあったように、当時の中国はエネルギー事情が悪く、なかなか暖房事情が厳しい。とくに揚子江より南の地方では、ホテルなどを除き、冬でも暖房が通らないところが多い。

春節のとき、杭州の教え子からかかってきた電話でも、やはり暖房についてふれていた。

「こちらは暖房がないので、北京より寒いくらいです。部屋の中でも、ダウンジャケットを着て過ごしています。早く、北大《ベーター》（北京大学の略称）の寮に帰りたいです」

寮の不十分な暖房のほうがまだましというのだから、当時の中国のエネルギー事情の深刻さを、教え子の電話から改めて実感させられた。

後期がはじまり、学生たちはまた、教室に元気な顔を見せた。授業のあとの楽しい会食も、繰り返された。こんどの学期はなんだか、時間が進むのが速い。春の運動会、創立記念日などの催しがつづいたかと思ったら、あっという間に、四年生には、卒業の日が近づいていた。

七月初め、董さんが卒業の報告にきた。角帽をかぶり、黒いガウンをまとった学士スタイルの写真を、記念に置いていった。巣立っていく学生に、「おめでとう」と言いながらも、なんとなく寂しい気持ちになる。

師範大生たちとの十二年後の再会とよみがえる交流

十二年前、私が北京師範大学に留学したときに生まれた師範大生たちとの交流が、この北京でまたよみがえることになった。

当時、師範大学日語科生だった沈さんは、私と同室だった山川君と結婚して、すでにかわいいお嬢さんも生まれていた。

学生時代、北京でなにかと手伝ってくれた彼女は、こんどは北京大学にいる私たちのために、日本からいろいろ教材を送って応援してくれた。とくに視聴覚の授業を担当する妻のため、煩雑をいとわず、日本の新しいテレビ番組を録画しては送ってくれた。

日本の最新の状況に飢えている中国の学生にとって、これは教材としてとても役に立った。とくにビデオテープの重要性を熟知している沈さんは、教材にぴったりの日本の風習などをテープにとっては送ってくれた。

一九六六年三月、師範大学中文学部出身の楊さんが、何年かぶりに北京大学の私の宿舎に訊ねてきた。大学時代、精力的に私の北京生活を支えてくれた楊さんもまた、卒業後、日本人と結婚、北海道の大学で教鞭をとっていた。

日ごろ、文通はしているものの、日本ではなかなか会う機会がなかったが、たまたま北京出身の楊さんが帰省したついでに訪ねてきてくれたことから、北京でのひさしぶりの再会となったのである。

日本と中国のあいだは遠いようで近いものと、時間のたつのも忘れて話しあった。

そして、四月十六日、北京師範大学三人組の一人、蔣君が郭さんとつれだって訪ねてきた。これは、卒業後、ドイツに行っていた郭さんが帰省、私の北京大学在勤を聞いて会いたいと言ったことから、クラスメート五人が私のところで落ち合うことになったのだという。

郭さんのドイツからの帰国歓迎クラス会が、私の部屋で行なわれたというわけ。学生気分に帰ったみんなの熱気に、私は陶然となった。

日本に戻った楊さんからも、ビデオテープが送られてきた。教材不足に悩む妻は、大喜びだった。私の知人たちも、いろいろビデオをとっては送ってくれたが、楊さんたちは自分の体験からとてもタイムリーなものを選んでは送ってくれたので、おおいに役立った。

学校にある古いテープにあきたらない学生たちは、日本から送られてくる新しいテープを、とても待ち望んでいた。

これらのビデオテープは、教室での教材以外にも活躍した。新着テープが着くたびに、わが家でビデオ観賞会を開いた。いつも学生で満員になり、喜びの声があがった。いわば課外授業というところ。

ともあれ、私の教師生活でも、彼女たちに支えられた面がじつに多かったのである。

卒業・社会人一年生がカーネーションの使者であらわれる

二年目の新学期をひかえた一九九六年八月の最終日、カーネーションを抱えた董さんが、突然訪ねてきて、私と妻を驚かせた。

北京大学にきたのは、卒業後初めてだという。董さんは北京で就職、すでに出勤しているとのことで、社会人一年生の感想や、同期生の消息などを話してくれた。

「先生、先生の講義のおかげで、とてもレベルが上がったと思います」

勉強熱心だった董さんが、実社会の中で確かな手ごたえを感じているのがうれしかった。

さらに年が変わった一九九七年五月の第二日曜日、やはり、カーネーションをいっぱい抱えた董さんが顔を見せた。

「きょうは、母の日ですから」

董さんはこう言って、妻をたいへん喜ばせた。董さんは以前から妻とうまが合うらしく、くるといつもいっしょに台所に立って、炊事やケーキをつくる手伝いをした。まるで自分の家にいるようにリラックスして過ごす。この日もそうだった。

ずば抜けた日本通からの北京便り

一九九六年九月に学部三年となったクラスに、ずば抜けた日本通の学生が二人いた。

一人は天津出身の唐衛平《とうえいへい》君。講義がすむと必ず教壇に近づいてきては、講義のことから、日本のことについて、あれこれ質問を投げかける。食堂に急ぐクラスメートには目もくれずに。その博識ぶりには、クラスでも一目おかれていた。私の宿舎にもよく訪ねてきては、質問を浴びせた。

もう一人の日本通は、北京出身の趙暁《ちょうぎょう》范《はん》君。性格は対照的に無口。全寮制だが、北京に自宅がある趙君は土・日は自宅に帰る。だから、クラス全員を呼んだとき以外、私の宿舎にはめったに訪ねてくることがなかった。だから、趙君のことはもっぱら作文を通して知った。

趙君は教室ではいちばん奥の列、向かって右のすみの席が定位置。授業中は姿勢を正して真っすぐこちらを見ている。学生の多くは、せっせと講義のメモをとったり、私の話にあいづちをうったりする。ときには大声で笑ったりするので、反応を確かめやすい。ところが、趙君は、まったくといっていいくらい、喜怒哀楽を顔に出さない。無表情だ。

最初は、私の作文の授業に興味が持てないのかと思った。だが、彼のそうした態度は、私の授業だけではなかったようだ。のれんに腕押しのような、反応が見られない彼の態度に、音をあげた教師もいたという噂もあるほどだ。

では、彼ははたして冷めた感情の持ち主なのかというと、じつはその反対。それもたいへんな情熱家だった。ただ、それを秘めているだけ。作文を担当したおかげで、そのことがよくわかった。

彼の両親は大学の教師で、いわば学者の家柄。そのせいもあってか、彼は自分でも「本の虫」を自任していた。そんな彼の作文は出色で、学識も豊富、鋭い観察と描写力、歯切れのよい個性的な文章は、優秀な学生がそろったこのクラスでも抜きんでていた。

任期を終えて帰国した一九九七年暮れ、私たちのところに、クラス全員がテープに吹き込んだ「声の年賀状」が送られてきた。いろいろ趣向をこらした傑作だったが、その中に彼のこんな声が入っていた。

「話したいことはまだたくさんありますが、あとで年賀状をお送りします。手紙を通してゆっくりお話ししましょう。やはり口で話すより、手で書くほうが得意です。これも先生のおかげです」

いかにも趙君らしいと、ひたすら年賀状を待った。やがて、次のような年賀状がとどいた。

「先生とお別れしてからすでに五ヵ月も過ぎました。長い間のご厚情、ただ懐かしく、どうお礼を申し上げていいかわかりません。先生方が帰国されてから、日本語の文章を書いても、先生のように読んでくださる方がいないので、とても寂しいです。先生の授業で書いた文章、ぼくの大学生活の宝物として、いつまでも大切にしておきます」

そういえば、ある日、教室に向かって歩いていたとき、あの無表情のはずの趙君がうれしそうに駆けよってきて、私のリュックを持って教室まで運んでくれたことがあった。

クラスメート全員が私の宿舎にきたときの印象も強く残っている。はしゃぐみんなの輪から離れて、彼は一人、わが家の書棚に向かって、そこに並んだ本をすみからすみまでなめるように見ていた。その姿が昨日のことのように浮かんでくる。

私たちが帰国した翌一九九八年夏、北京大学を卒業して社会人一年生になった趙君から、卒業の報告とともに、北京大学時代を懐かしむ手紙がとどいた。

「先生のお宅でいただいたカレーライス、思い出すたびに、過去のあのときに戻りたいなあと、なんとなく思い込んでしまいます」

その後も、趙君からは折にふれて便りがとどく。反政府的色彩を帯びた宗教的気功《きこう》集団「法輪功《ほうりんこう》」騒動など、そのつど新しい北京情勢や、「日本のオウム真理教の裁判はいつまでかかるのですか」といった、皮肉めいた内容のものもあった。

「最近の日本の様子を見ていると、どうも気になってしようがありません。日本はいったいどこに行きたいというのでしょうか」

そんな返答に困るような鋭い日本批判さえ、織り込まれていたりする。私は真摯《しんし》な彼の心情に打たれた。私は趙君の北京便りが楽しみだ。

こわれた「ピエール・カルダン」（電気スタンド）の顚末《てんまつ》

私が担当した作文の授業で、それまでは知らなかった中国人の民族性などを知ることになり、中国を理解するうえでたいへん勉強になった。

学生たちは作文の中でよく、「中国人の特徴は、人情を大切にし、友情に厚いこと」と書いていたが、北京大学でもそれを実感させられたことがある。

一九九六年夏、私は「ピエール・カルダン」と銘うったスマートな蛍光灯スタンドを、北京西郊の「当代商場《タンタイシャンチャン》」という豪華なデパートの電気製品売り場で購入した。三百九十元（五千八百五十円）、当時のサラリーマンの平均的給料の半月分に相当するという破格な値段だ。

私と妻は教案作りのため、夜の仕事が多い。ところが、宿舎の備えつけのスタンドは、四〇ワットと暗い。どうしても明るいのが必要で、やっと見つけたのが「ピエール・カルダン」。香港製で、その名のとおりスマート。なにより明るいのが気に入って愛用していた。ところが、半年もたたないうちに、つかなくなってしまった。

ここで難題が起きた。中国では共通の悩みだが、アフターケアがとても遅れている。スタンドを購入した当代商場に問い合わせたところ、製品は売るが修理はあつかっていないという。完全にお手あげだ。

弱っていたところに、冬休みの帰省から帰ってきた三年生の班長である劉栄《りゅうえい》君が、同室のクラスメートといっしょに訪ねてきた。

劉君は杭州出身、誠実で親孝行な好青年である。いかにも南方の出身らしく、私が男子寮を見学したさい、彼のベッドにだけは白い蚊帳が吊ってあった。私の上海での学生時代もそうだったが、南方では一年中、蚊帳を吊っておく習慣があり、学生時代を思い出してとても懐かしかった。親孝行な劉君のこと、ご両親の教えかとほほえましくなったものだ。

訪ねてきた二人は、ひとしきり帰省中の土産話をしてくれた。話が一段落したとき、ふとスタンドのことを思いついて、話題にした。

「あっ、それ、電気屋さんにみてもらいましょう。なんとかなりますよ」

劉君は胸を叩いて請けあい、故障したスタンドと蛍光管を持ち帰った。それから彼の活躍がはじまる。翌日、さっそく劉君から電話が入った。

「校内の電気屋さんに聞きましたが、どうも扱い方がわからないというので、校内ではだめです。街の電気屋さんに持っていってみますから」

また一日たって、電話がかかってきた。

「街の電気屋さんも、こういうのは扱ったことがないそうです」

彼は、さらに当代商場にもかけあったが、修理不可能と言われたという。

「ありがとう。もういいよ。もうよしてください」

この二、三日、彼は授業に出る以外の貴重な時間をさいて、私のこわれた電気スタンドのために奔走してくれている。勉強の妨げになることをおそれて、私は再三、もうやめるように言った。

「馬馬虎虎《マーマーフーフー》」（いいかげんにお茶をにごす）のは昔の中国人のこと

ところが、その翌日、また電話があった。

「明日は、『消費者の日』です。取り換えてくれるかもしれません。もう一度、当代へ行ってみます」

消費者の日というのはよく知らないが、そんなうまい話があるはずはないと思った。中国では、いったん購入したら、たとえ不良品でも、返品や取り換えはまずきかない。劉君の好意には感謝したが、電気スタンドの件は九分通りあきらめていた。

ところが、翌日の昼すぎ、なにか包みを抱えた劉君がにこにこしながらやってきた。

「先生、これ」

差し出された包みを開いて驚いた。なんとあのピエール・カルダン。しかも新品だ。

「消費者の日なので、なんとかならないかと思って当代へ行ったら、新品と取り換えてくれました」

よくもまあ、四百元近い高価なものを。それまでの常識では、とても考えられないことである。彼のねばりと熱意、そして実行力。劉君がどんな熱弁をふるったのかはわからない。しかし、新品のスタンドよりも、この若者の熱い友情に、私と妻は心から感激した。

彼は自分が役に立ったと喜んでいたが、ごく当たり前のことをしただけという顔だった。スタンドが故障したとき、日本の電気屋さんのことから考えて、専門家ならなんとかしてくれるのではと思い、軽い気持ちで劉君に話した。しかし、ここは中国。そんなに簡単ではなかった。それが彼を奔走させることになってしまった。私は自分のうかつさを後悔した。

ところが劉君は見事にそれを克服した。ここで私は思いあたった。

中国人には、いったんこうと決めたら、いいかげんにはせず、とことん徹底してやるという性格があることを。

昔はそうではなかった。「馬馬虎虎《マーマーフーフー》」という言葉がある。「いいかげんにお茶をにごす」という意味で、中国人の性格をあらわす代名詞としてよく使われた。しかし、いまは違う。劉君の奮闘で、いっそうその思いを深くした。

これが新しい中国人の特徴だろうか。日本人にとってはなんともうらやましいかぎりだ。

北京大学で、私の前にあらわれた何人かの中国の若者たち。それは教え子としてだった。それが、いつのまにか、私にとっては得がたい貴重な友人となっていた。

「日本語は仇《かたき》の国の言葉」に大ショック

北京大学では、私の宿舎には、気の合った者同士が二人でくるケースが多かった。一人でくる場合は、たいていが悩みごとを抱えている。最も深刻だったのは、私の中国観がいかに甘いかを

「日本語は仇の国の言葉」のショックのあと、テロとの遭遇を話して心を解き、深夜の大合唱にいたった

思い知らされたあの日のできごとである。

ようやく春めいてきた一九九七年四月初めの日曜日夜、一人でわが家を訪ねてきた三年生の女子学生、葉海芳《ようかいほう》さんがぽつりともらした。

「日本語を勉強する私の悩み、それは、仇の国の言葉を勉強することです」

衝撃の一言だった。

戦後すでに五十年余。しかし、歴史の傷跡は歴然として息づいている。

このとき、私の北京大学での時間は、余すところあとわずか。私は難問を抱えたまま、前にもまして講義に全力を傾注した。

その後、葉さんとは語り合う機会がないまま、六月、最終講義の日を迎えた。

前にも述べたとおり、学生時代、私は上海近郊で中国人ゲリラに襲われて瀕死の重傷を負った。太平洋戦争勃発三日前のことである。

これまで私は、戦争中のことについては、私事になるので、北京大学ではあえてなにも触れなかった。ただ日中関係は、この一九九七年にかけて、急激に悪化していた。

私は戦中派である。愛国心が強い中国の学生たちは、おそらく戦争中の私の行動に強い関心を抱いているに違いない。この日は最後の教壇。学生の疑問に答えるのはいまをおいてない。そこで私は、戦争中のことを洗いざらいありのまま話した。

戦争と責任。どちらも必要な正しい歴史認識。そして私がテロに遭ったことも。

「だがそれによっても、私の中国によせる思いは、微塵も変わらない。私の中国への思いがどんなものかは、この二年間のつきあいで、みんなもよくわかっていると思う」

だれもがみな息を詰めながら聞いていた。学生がどう思うか、それは賭けだった。

授業がすんだあと、みんながそろって私の宿舎にやってきた。隣のレストランで会食。食事がすんでから、私の部屋でしばらく歓談に入った。

そのときのことである。日本語学習に対する深刻な悩みを訴えた葉さんがそばによってきて、そっとささやいた。

「先生、いままでは、違和感というのではありませんが、あまり素直に近づけない気分がありました。でも、これからはできます。これから先生が私の故郷のほうへいらっしゃるなら、喜んでご案内します」

と明るい表情で話す。私は耳を疑った。なんということだ。この学生は、二ヵ月前、私がいつか彼女の故郷へ行ってみたいと話したとき、こう言っていたのだ。

「私の故郷では、日本人に対する仇恨《チョウヘン》（恨み）が深く、日本人を受け入れることはとてもむずかしい。先生を案内するなど、できそうもありません」

これは奇跡だ、と思った。

七月初め、全科目の期末試験が終わったとき、彼らはまたわが家にやってきて、盛大な打ち上げパーティーをやった。深夜までつづく熱唱。『知床旅情』『荒城の月』『赤とんぼ』……。懐かしい日本の歌が次々に飛び出した。

大声を張りあげ、首をふりふり手拍子を繰り返しながら、日本の歌を歌いつづける中国の若者たち。その中にあの、「仇の国の言葉」と悩みを訴えた女子学生葉さんの晴れ晴れとした姿があった。

日中の大学教授〝現役〟の違いと七十三歳の後輩

二年にわたる北京大学の教壇生活を終え、一九九七年秋に帰国した私たちを追いかけるようにして、教え子たちが次々と来日。そのつどわが家を訪れ、懐かしい顔を見せてくれた。

会えば、みんな学生時代にかえり、甲論乙駁。遠慮ない議論に花が咲く。冷え冷えした当時の日中の情勢もものかわ、お互いの友情を確かめあっている。

このような私たちのささやかな動きが、ちょっとした話題になったことがある。思いがけないタイトルで。

二〇〇三年（平成十五年）二月下旬の日曜日の朝のこと、一本の電話がかかってきた。新聞社時代の後輩からだ。彼は興奮気味に、いきなりこう言う。

「工藤さん、ぼくも元気が出てきました。ぼくも今年、七十三歳です」

なんのことかわからず、わけを聞くと、その日の『朝日新聞』朝刊のコラムに、私のことが載っているという。さっそく朝刊を開いてみる。と、「風　東京から」というカットの欄に、加藤千洋編集委員執筆になる「孫のような北京大生と」というタイトルのコラムが載っていた。

「元新聞記者の工藤さんが、縁あって、北京大学の日本語教師になったのは七年前、七十三歳のときだった」

これから仕事でアメリカへ行くという七十三歳の後輩が、この記事を見て、喜んで電話をかけてきたというわけだ。

加藤さんは、朝日新聞社の北京特派員、中国総局長、外報部長を歴任した、たいへんな中国通である。この年一月、私が北京大学時代のことについて書いた『北京大学　超エリートたちの日本論』（講談社+α新書）を見て、私にインタビューを申し込んできた。そのとき、私は以下のような話をした。

私が北京大学に赴任したのは、七十歳を過ぎていた。そこで、「孫みたいな若者を、こんなじいさんが教えるのは申しわけない」と、いささか気後れ気味だった。ところが、宿舎のすぐ隣に住む季羨林《チーシェンリン》教授に会ってから、私の考えが一変した。季教授は当時八十五歳。私よりひとまわりも上だったが、現役の教授。しかも、著名な東洋学者で、北京大学の学部長や副学長も歴任。学内の尊敬を集め、学生からも慕われていた。

日本の大学では、とうに名誉教授の肩書になっているところだが、北京大学では現役として活躍している。たいへんにうらやましく思うと同時に、こういうところに中国のすごさを感じた。それからは、私も年齢のことで気がねすることなく、気分的にもおおいに若返り、自信をもって教壇に立つことができた——。

そのときの心境を加藤さんに話したところ、それを取り上げ、「孫のような……」というタイトルになったというわけだ。コラムには、さらにこんなことが書かれていた。

「学生との交流は教室にとどまらず、夜は彼らが学内の宿舎に押し掛けるという濃密なもの。この体験を、最近……という本にまとめた」

「教え子の何人かは日本に留学したり、仕事をみつけたりと、師弟の付き合いはいまも続く」

名文で鳴る、加藤さんの中国もののコラムをずっと愛読してきたが、そのコラムにまさか自分が登場するとは思いもよらず、忸怩《じくじ》たる思い、しきりだった。

しかし、その影響力は大きく、友人からいろいろ電話や便りがよせられた。その皮切りがこの、「ぼくも七十三歳です」の後輩だった。

日本のトップ商社幹部の現地社員への気配り

二〇〇二年二月三日の日曜日、節分の日の朝早く、神戸の李丹《りたん》さんから電話が入った。二月十日に夫の出張にあわせて東京へ行くので、ぜひお会いしたい。満一歳を迎えた赤ちゃんももう歩くので、お見せしたいから、先生のお宅を訪れたいという。

もちろん大歓迎だが、よく聞いてみると、東京に立ち寄ったあと、その日のうちに近県の親類を訪ねるという。それではとても時間が足りない。そこで、わが家でなく、東京駅で落ち合うことにした。

李さんは北京大学で、三年生のときは作文、四年生のときに中文日訳で、私の講義に出ていた。北京生まれ、北京育ちで、とても真面目な学生だった。

当時、私と妻は、中国語を忘れないようにと、家庭教師を頼んでいた。一九九六年秋からは、李さんがその家庭教師を引き受けてくれた。それから週一回、夕食後、私の宿舎を訪れて、中国語会話の指導をしてくれた。それがすんでから、楽しい雑談に入るのがつねだった。

一九九七年二月から三月にかけて、李さんの就職活動がはじまり、私もいろいろと相談に乗った。その結果、日系大手商社の二つから内定の通知を受け、最終的には、丸紅の食品部に採用が決まった。

李さんから相談があったとき、私は迷うことなく丸紅を推した。同社の社長、会長を歴任し、当時相談役だった春名和雄氏は、経済界きっての中国通として知られる。しかも、私にとって、上海東亜同文書院大学の先輩である。学生寮では、半年間、室長春名さんと起居を共にした。

春名さんは日中関係全般のほか、中国の若い人にも強い関心を寄せていた。

一九九七年十二月、一時帰国した私は、丸紅本社の相談役室に春名さんを訪ねた。そのとき話題になったのが、日本、中国の若い人の考え方についてだった。

そのさい、「丸紅の北京事務所に、私の教え子がいますよ」と、李さんのことを紹介した。春名さんはたいへん喜んでいた。その後もときどき李さんのことが話題になった。

一九九八年六月、李さんから手紙がとどいた。丸紅北京事務所で撮った写真に添えて、こんなニュースが織り込まれていた。

「先日、先生の同窓の相談役、春名先生にお会いすることができて、たいへんうれしく思いました。その日突然、総務の人から、用事があるからちょっときて、と呼び出され、行ってみたら、春名先生が会いたいと言われていると聞いて、びっくりしました。先生から、春名先生のことは前から聞いていましたが、会社の偉い方がわざわざ会ってくれるなんて、思ってもみなかったことです。同僚も驚いていました」

そして、春名さんに会ったときの印象が記してあった。

会社のトップが、出先の新入社員に声をかけたのだから、本人が感激しただけでなく、同僚社員が驚きの目で見たことは想像にかたくない。

春名さんは、私のささいな話を記憶にとめて、出先でさりげなく声をかけてくれた。現地の中国人従業員にも強いインパクトを与えたに違いない。この手紙を見て、さすが大企業のトップともなると違うなと感心した。

来日しての意外な要望「皇居が見たい」

その後も李さんは毎年、近況を知らせてくれた。ひきつづき丸紅の営業で活躍していたが、一九九九年に結婚、相手は北京大学に留学中の日本人だった。まもなく夫とともに来日して、神戸に居を構えた。李さんは日本で仕事につきたいと考え、税理士の勉強にチャレンジしようとした矢先、妊娠したことが判明。

そして、二〇〇一年正月、李さんからの便りには、写真が添えられていた。まるまると肥った男の赤ちゃんを抱いている。前年に北京へ帰って、実家で産んだという。

「子どもがもっと大きくなったら、つれて会いにいきたいです」

そう結ばれていたが、こんど、その自慢の子どもを見せにきたいというのだ。こちらも期待で胸がわくわくする。

当日、二〇〇二年二月十日の日曜日は、粉雪が舞う寒い一日だった。

朝、東京駅の新幹線到着口で李さん一家を待つ。ほどなく、李さんが赤ちゃんを抱き、うしろから、夫の畠中大次郎君が大きな乳母車をかかえて改札口を出てきた。五年ぶりだが、面影は変わらない。ただ、母親としての貫禄は十分だ。教え子の成長ぶりに見とれる。一年三ヵ月の赤ちゃんは、元気に歩ける状態だ。

積もる話は山ほどあったが、限られた時間を有効に使わなくてはいけない。

「東京のどこへ行きたい？」

教え子がきたときは、江戸情緒の典型として、まず浅草に案内するのが定番だった。繁華街なら銀座。それに、新宿副都心へ出て、東京都庁の展望台へというコース。

東京都庁は、北京なら北京市政府に相当する。しかし、北京市民は見物のために市政府の建物に入ることなど、とうていできない。だから、都庁へ案内すると、とても感動する。

しかし、東京は初めてという李さんの希望は、思いがけないものだった。

「皇居へいってみたいです」

私は一瞬、耳を疑った。これまで来日した中国人の教え子の東京見物は、ずいぶん案内したが、皇居とは初めてだ。ふと考えた。これは、日本人になった母親が、わが子のことを考えてのことなのだろうか、と。

さっそく、東京駅の丸の内口を出て、駅前からタクシーに乗った。

「楠公《なんこう》の銅像の前を通って」

しかし、「楠公」がタクシーの運転手には通じない。とりあえず二重橋を目指してもらう。二重橋前で降りようと思ったが、駐車はできないという。天候のせいか、見物人は一人も見当たらなかった。

中に入れるかと思って、守衛が二名立っているところでタクシーを降りた。だが、そこは桔梗《ききょう》門、ここからは入れないというので、歩いて大手門に向かった。

大手門をくぐる。頑丈な城門、大きな石垣。もっと時間があって、好天なら、本丸近くまで行けるのだが、この日はあいにくの雪模様、子どもが風邪でもひくといけないので、皇居の匂いをちょっとかいだところで切り上げることにした。

冷えた体を温めようと急いで銀座に出る。すこし銀ブラをして、食事をともに。短い再会だったが、いっきょに北京大学時代にかえった気分になったから不思議なものだ。寒い日だったが、心は「北京好日」のような温かさだった。

神戸に帰ってからの手紙には、こう書かれていた。

「先生にお会いしたかったので、お会いできてとてもうれしかった。また機会をつくって、こんどは先生のお宅をゆっくりお訪ねしたいです」

原爆、靖国と中国の若者——誠意と事実は必ず伝わる

二〇〇三年十月四日、国際交流基金関西語学センターの研修で来日していた教え子、丁郁《ていいく》さんが、在京のクラスメートとつれだって訪ねてきた。六年ぶりの再会だった。

丁さんは北京大学卒業後、シンガポール国立大学の大学院で学んでいた。積もる話の中で日本

にきてとくに強い印象を受けた出来事として、原爆と靖国についての感想を聞かせてくれた。

センターの研修生といっしょに広島の原爆資料館を訪ねたときのこと――。

「皮膚がとれて、顔、腕にケロイドのある被爆者が、私たちのために来てくれて、原爆の思い出を話してくれました。ほかの土地へ行ったときと違って、みんな、とても気持ちが悲しくなり、みんなポロポロ涙を流しながら聞いていました」

広島のことは前から聞いていたが、実際に被爆者に会って、とても大きな衝撃を受けたという。丁さんの話を聞いて、私は感無量だった。というのも、北京大学時代、彼女と同じクラスに、作文でこんなことを書いていた学生もいたからだ。

「日本は中国でとてもひどいことをしたのに、どうして『原爆、原爆』と、原爆の被害のことばかり言うのか」

そのときは、これが当時の中国の学生の共通認識と思い、中国人に原爆の恐ろしさを理解してもらうのは至難の業だろうと考えていた。それだけに、丁さんの話はうれしく、同時に、被害者自らによる証言の強さを実感した。

丁さんはつづけて、こう語った。

「広島市内をバスでまわったとき、ガイドが戦争に行った若い人の遺書を読んでくれました。『私はいまから、戦争に行きます。もう生きて帰れないかもしれません。これから靖国の小さな花になります。お母さん』

車内はすごく静かになりました。戦争に行って、国のために戦って、死んだら靖国に祀られる。そういう人が祀られているところを拝むという日本人の気持ち、わからなくはない。私はとても感動しました。涙が流れてきてとまりませんでした」

丁さんは、スポーツが得意な明るい性格の女性である。北京大学の運動会では、クラス代表として大活躍した。その彼女の、この純な気持ちに、私は打たれた。そして、誠意を尽くして説明すれば通じるものだという確信を強くした。

中国エリートの靖国観——一つのレポートが物語るもの

中国首脳がことあるごとに持ち出す日本批判の筆頭が靖国問題。ことに一九九七年時の小泉純一郎首相（当時）の靖国参拝である。本来は日本の国内問題のはずが、いまではすっかり国際問題化し、反日の原因にさえ数えられ、日中の大きなトゲとなっている。

外国からとやかく言われることは、日本国民が嫌うのは当然だ。しかし、また恥ずかしいことでもある。本来、口出しされないようにきちんとしておくべきだった。首相の参拝について国論が二分されかねないというのも、悲しいことだ。早々に解決すべきことだろう。

では、日本の首相の靖国参拝について、中国首脳はともかく、一般の中国知識人はどうとらえているのか、その生の意見に耳を傾けてみよう。以下は、二〇〇六年一月、先にも登場した教え子の一人、趙暁范君が寄せてくれたレポート「私が見た靖国」である。この当時、趙君は来日八年目、北京大学を卒業後、東京の国立大学大学院博士課程在学中だ。

〈私は二〇〇五年八月、靖国に行ってきた。感想から言うと、あそこは、宗教施設の雰囲気が薄くて、どちらかというと政治的な施設という感じがする。

靖国神社については、多くの識者が論じてきたが、やはり主な役割は二つ。慰霊と顕彰である。今、小泉首相（当時）をはじめとする政府の説明は基本的に慰霊の側面を強調している。私が行ってきた感想だが、慰霊と顕彰をはっきり区別することは、おそらく不可能だろう。

追悼施設には顕彰する効用は必然的についている。問題はこの施設がどちらの側面を強調しているのかにある。

靖国神社の第二鳥居の手前に、大きな石灯籠が二つ左右に立っている。その基壇部分に、ブロンズの彫刻画がはめこまれている。

その彫刻画は、三笠の東郷とか、数枚、日露戦争に関するものを除いて、大部分は日本軍が中国で連戦連勝している場面を、いろんな角度で描いたものである。万里の長城での万歳とか。彫刻を見るかぎり、中国人は怒るだろう。

いわゆる太平洋戦争など日米戦争の絵は一枚もない。無論、明治維新の鳥羽伏見や西南戦争などについての絵もない。

遊就館の展示の主題はさらに明確である。日本軍が如何に自らの犠牲でアジア人民の解放をもたらしたかを力説している。展示の内容は、中国に対する連戦連勝だ。

ところでよく、「靖国は国のため犠牲になったひとを祀っている」というが、その「国のため」というのは中国人からみると、「中国を侵略するため」か、となる。

驚くべきことと思うが、日本の民間人の犠牲についてもほとんど言及されていない。多くの日本人が常に口にする、広島、長崎や東京大空襲はわずか写真二枚、説明数行で片付けられている。非常に奇妙な感覚である。

この遊就館の展示の雰囲気は、中国革命歴史博物館《ちゅうごくかくめいれきしはくぶつかん》に漂っている雰囲気にかなり似ている。歴史を伝えるというよりは自らの正当性を力説している。このような大東亜戦争正議論も、歴史の一種の見方として、価値があるかもしれない。しかし、それはあくまでもその一面であって、戦争の全体像ではない。（中略）

私から見れば、靖国問題は、国政のレベルではもともと論じるに値しない問題で、かつ論ずべき問題ではなかった。そんな問題が、ここまで肥大化してしまったのはなぜか。

ひとつは日本の戦後における、戦争への思想上の整理が不十分なためで、もうひとつは中日双方の政治家に、政治的遠見が欠如し、両国関係におけるビジョンが欠落していた結果である。

靖国参拝問題自体について、私の意見では、憲法上の違反さえなければ、公式参拝でも構わない。一宗教法人である以上、純然たる日本の内政問題だと思う。故に中国をはじめ、外国が公式に参拝中止を求める行動は内政干渉に当てはまり、不適切だと思う。

しかし、日本人の靖国神社を参拝する行動によって、中国の国民の対日感情が悪化することも、当然予想されることである。中国が反日教育をやめて、靖国神社の参拝について国民に説明、説得するようにという日本の要望も、また内政干渉になる。

要するに政府間で語られるべき問題ではないが、両国の間に歴然として存在する、歴史に対する認識のズレを代表する重大な問題ではある。

中国にも、靖国に理解を示しているひともいる。こういう施設はどの国にもあるので、いいのではないかと考えるひともいるが、表に出られない。表に出るのは烈しい認識のひとだけだ。今や靖国は、中国人にとって、悪魔の象徴とさえなっている。この問題について、いったいどう見たらよいのであろうか。

まず多くの保守政治家が指摘する「中国、韓国、北朝鮮以外、この問題を公に日本に突きだす国は、アジア、世界のどこにもない」という言い分について。

そもそも中国、韓国と東南アジアは事情が違う。中国や韓国は日本の侵略を受ける前、一応主権国家だった。それに対して東南アジアは欧米の植民地だった。

東南アジアの国々の態度は、二つの原因がある。ひとつは日本による主権の喪失を体験していない。もうひとつは、日本に楯突くことは国益に反するから。このような問題（靖国）で日本と衝突しても意味がない。この姿勢は理性的だと思う。（中略）

「靖国問題が解決されても、中日関係は良くならない」という発言も、最近「ひとかど」の人物からよく聞く。

そんなことは当然である。今日掃除しても、明日また汚れる。ならば一切掃除をしないのか。このような小学生でもわかる理屈を、どうやら彼らにはわからない。或いは意識的に誤魔化している。

隣国同士の間、ひとつ問題を解決してもまた別の問題がでてくるのは、むしろ正常である。問題はどんどんでてくる。ひとつ、ひとつ解決すべきなのだ。全く無責任、無知、ナンセンスとしか言いようがない。(中略)

では、靖国問題はどう解決するか。

上策としては、無論日本に参拝を控えてもらう。かなりの譲歩だと思うが、これも戦争を起こした後遺症のひとつとして考えていいと思う。戦争というものは恐ろしいもので、決してやってはならない行動という問題の深刻さを、その傷がいかに、数代にわたっても響くかということを歴史に刻めば、後人の戒めにもなるだろう。

これが無理なら私の考えは以下の三つ。

まず、無宗教の、全国民を対象とする追悼施設の設立である。靖国は靖国の役割しか果たせない。全国民の追悼という役割を、本来、一宗教法人で軍人の慰霊施設に担わせるべきではない。靖国はこれから自らの役割を果たすためだけの施設として存在すればいい。

首相は個人の名義で、憲法違反さえなければ、カメラマンを連れずに行っていい。そこで参拝する際、「戦争を反省する」などの白々しいコメントを吐かずに率直に、「亡くなった軍人の慰霊をする」と説明すればよい。というより、記者会見をしなくてもいい。

そして、正式な追悼、記念活動はすべて国立施設で行なう。そもそも国民のための国立慰霊施設がないのは、信じられないほどの国の政治の怠慢である。

また難しいことは百も承知だが、中国政府の譲歩も必要である。日本が誠意を示せば、中国も自国民にちゃんと靖国問題を正直に説明しなければならない。

歴史認識の問題に関して、今のところ認識の共有などは無理である。が、靖国問題を歴史認識問題から区別して分離することは、決して不可能ではない。

最後に、かなり望みは薄いが、マスコミの自制に期待する。この問題を目玉として部数、視聴率をのばす傾向が、最近、両国のマスコミに多く見られる。

この問題をこれ以上煽らないでほしい。中国も日本も靖国から少し眼差しをそらしたほうがいい。

A級戦犯分祀について提起していないのは、私から見れば、靖国神社の本質が戦争をどう捉えるかにあって、個別な人への処遇にないからである。A級戦犯が分祀されても、靖国の大東亜戦争を鼓吹する意向は変わらない。

A級戦犯に対する姿勢を細かく丁寧に説明すれば、中国の人々も納得できるが、大東亜戦争が侵略戦争ではなく、解放戦争だという歴史観を、中国の人々が受け入れることは、微塵もないで

あろう。〉

靖国に想う——日本国内で解決すべき問題の根

中国の若い友人、趙君の真摯な靖国論のすべてを肯定するわけではないが、中国側知識人からみた、意見の一つとして、われわれも真摯に耳を傾けるべきだと思う

年少のころ、私が祖国のために戦場に散った戦死者を初めて意識したのは、故郷青森市で行なわれる招魂祭だった。毎年行なわれる招魂祭は、市の一大行事で、中学生以上は行列して参拝するのがならわしだった。だから、私の頭の中では、靖国神社は招魂社の延長線上にある。

よく遊び、よく学んだ学生時代だったが、小学校時代に満州事変、中学校時代は日中戦争と、しだいに戦時色が強まっていた。

当時の少年は純真で、体に自信のある者は、軍の学校を目指した。時局に敏感な少年だった私も、なんの疑いもなく受験を志した。それがお国に尽くす道だと考えて。しかし、視力が弱かった私は、身体検査ではねられ、上海の東亜同文書院大学に入学することになった。

その年の夏休み、帰省した友人が集まった。海軍兵学校、海軍機関学校に入った学生のスマートな白い軍服、海軍士官の短剣を吊った将校姿がまぶしかった。その後も夏休みの帰省のたびに、同窓生の新しいニュースが耳に入ってきた。そして、まもなく太平洋戦争に突入。第一線に出た同窓生の活躍ぶりが伝わってきた。それも束の間、やがて、次々と悲報が飛び込んできた。そし

てなんと、海軍の学校に入ったクラスメートは、全員が戦死したのである。

それは、大学のクラスメートも同様で、親友二人が神風特別攻撃隊に名を連ね、海に散った。ともに靖国神社に祀られている。

敗戦の翌年、一九四六年末に旧満州から引き揚げた私は、帰国すると真っ先に、友が眠る靖国神社におまいりした。

しかし、思いがけず、その靖国が大揺れに揺れ、国際問題にまで発展している。

もとより、私には戦争を語る資格はない。まして靖国についてはなおさらだ。しかし多くの友が祀られている靖国がいま、国論を二分しかねない渦中に揺れているとあって、黙視することは祀られている友に対しても怠慢になる。

これまで私は単純に、靖国は国のために戦場におもむいて散った英霊を祀る、護国神社の性格を持った場所だと思っていた。ところが、問題が大きくなるにつれて、いくつか疑問が湧いてきた。それは、靖国には、明治維新最大の功労者である西郷隆盛は祀られていないのに、戦没者でもなく、日本を破滅に導いた戦争指導者が祀られているという。ここに問題があるのではないかと思った。

私は、「A級戦犯」というようなとらえ方はしない。靖国を国内問題とみる私にとって、あくまでも問題は国際裁判よりも、あの戦争の戦争指導者にあるとみるからだ。

私は、中国人の教え子には、「靖国は国内問題。だから、日本国内で解決すべきものだ」と説明してきた。といっても国内で解決できないまま、いまでは大きな国際問題になってしまった。この点、私は教え子たちに忸怩たる思いを抱いている。

いまはこう考えている。結局のところ、靖国問題は戦争責任に行き着くのではないか。

私は、靖国は本来の役目に返るべきだと思う。たとえ明治維新最大の功労者といえども、賊軍になったことをもって祀らないなら、誤った戦争指導をして日本を破滅に導き、国民の多くを犠牲にしながら、しかも戦陣に散ったわけでもない戦争指導者を祀るのは、矛盾してはいないか。そこにこの問題の根本的な要因があるのではないだろうか。

面映ゆくうれしかった初めてのバレンタインデー

話はがらりと変わるが、二月十四日がバレンタインデーということを私が初めて知ったのは、二〇〇五年のその日だった。なにしろ、とんと縁がないことだったので。

私宛てに、かわいい小包み便がとどいた。「二月十四日午後」の配達指定がついていた。差出人は、北京大学の教え子、正確には妻の教え子の林蕾《りんれい》さんだ。

包みを開けると、なんと、チョコレートが入っていた。

バレンタインデーには女性から男性にチョコレートを贈るのが、若者のほほえましい流行として根づいているとは聞いていたが。私は大正生まれ、「男女七歳にして席を同じうせず」という時代の育ちである。

それだけに、初めてのチョコレートのプレゼントを前にしてとまどい、面映ゆかった。半面、率直に言ってとてもうれしかった。

林さんが来日して初めてわが家に顔を見せたのは、二〇〇四年一月四日、クラスメート二名、先輩二名といっしょに年賀に来たときのことで、最寄り駅に出迎えに行き、七年ぶりの再会となった。

北京出身の林さんは一九九六年九月、北京大学日語科に入学。妻の会話指導の授業で習いはじめたばかりの日本語で、いっしょうけんめいに自己紹介をしていた林さんの姿が、昨日のことのように思い出された。小柄で明るい性格はだれからも愛された。この日の再会でもまだ、当時の面影をそっくり残していた。

相変わらず、にこにこしながら話してくれたところによると、前年秋に来日、四月から慶応大学の大学院に入学するための準備中とのこと。その一方、私費入学のため、学費と生活費をまかなう必要上、新宿の中華料理店でアルバイトをしているという。

この日、みんなの話題が佳境に入った午後三時過ぎ、夕方からのアルバイトに行かなくてはと、一人だけ先に帰っていった。

三月には、北京に一時帰省したときのお土産として、ゴマの健康食品を送ってくれた。

彼女はなにかあると、手紙で考えを伝えてくれる。そして今度は、バレンタインデーの贈り物だ。物価の高い日本での、アルバイトをしながらの自費留学はたいへんなはずだ。それだけに、林さんのやさしい心づかいが身にしみた。

仲秋の名月に想う――日中ともに見る月は変わらない

二〇〇五年九月十八日夜、書斎の東の窓から身を乗り出して見上げると、晴れ渡った天空高く満月が皓々《こうこう》と輝いていた。旧暦の八月十五日、仲秋の名月である。中国ではこの日を仲秋節といって、特別な意味がある。

一週間前、慶応の大学院に学ぶ林さんから、宅配便がとどいた。中には北京の月餅《げっぺい》、それに添えられた手紙には、蘇東坡《そとうば》の詩が書かれていた。

人有悲歓離合　（人に悲歓　離合有り）
月有陰晴圓缺　（月に陰晴　圓缺有り）
此事古難全　（この事　古より全うすること難し）
但願人長久　（但だ願う　人長久にして）
千里共嬋娟　（千里　嬋娟《せんけん》〔月の別称〕を共にせんことを）

〈人には悲しみと歓び、離合集散《りごうしゅうさん》があり、月には姿を顕わしたり、隠れたりすることがあり、また円くなったり、欠けたりすることがある。このことはいにしえよりあることでなかなかおもいどおりにはならない。せめて、遠く離れている人も長生きできるように　ともにはるかに月を仰いでしのびあおう。〉

仲秋節の名所の地・盧溝橋は「マルコ・ポーロ・ブリッジ」とも呼ばれ、さまざまな歴史をもつ

中国では、仲秋節を大切にする。同じ月をともに仰いで、遠く離れた家族、親しい人をしのび、月餅を食べるという風習がある。月餅は一家団欒の象徴。日本にも似たような風習があるが、林さんから送られてきた月餅によって、北京で迎えた仲秋の名月の数々がよみがえってきた。

北京で最初に迎えた仲秋節の観月は、一九八四年、人民中国雑誌社の専家として北京に滞在していたときだ。九月九日、北京西郊の清朝の離宮・頤和園《いわえん》で行なわれた仲秋節に参加した。そして、二年後の一九八六年には、北京西南郊外の盧溝橋で仲秋節を迎えた。

日中戦争の発端地である盧溝橋は、昔から月の名所として知られている。この橋のたもとに建つ清朝・乾隆帝《けんりゅうてい》の筆になる「盧溝暁月《ろこうぎょうげつ》」の石碑が、それを物語っている。昔、北京を旅立つ人は、早朝、月光を浴びながら、この橋のたもとで見送る人々と別れを惜しんだという。

往時をしのびながら橋に上ると、河原に十数ヵ所もの篝火《かがりび》が見えた。キャンプファイアで、若者たちが輪になって踊っている。やがて東の空に月が昇りはじめると、橋の上は人の波だ。

盧溝橋で初めて見る仲秋の名月に、詩的な気分に酔う。一時間たっぷり月を観賞して帰途についた。

盧溝橋の東のたもとに建つ
乾隆帝親筆の「盧溝暁月」の碑

北京大学在任中、一九九五年の仲秋節は、日中は快晴だったが、夜になって雲が出てきた。夕刻、月の出を待って、キャンパス中央の図書館前の芝生の広場に待機。いまではここに新図書館が増設されたが、当時は学生たちの憩いの場になっていた。

夕食をすませた学生たちが、三々五々つれだって集まってくる。七時すぎ、東方の雲間から、月の光がちらりと差した。ほんの二、三分で、また雲がかかる。数分でまた姿をあらわす。そして、七時半をまわったころ、やっと満月が完全に姿をあらわした。北京で何度か仲秋節を迎えたが、北京大学で仲秋の名月をめでようとは思いもしなかった。

翌日、もう一度、月の出を見ようと妻とともに出かけた。しかし、昨夜より雲が多く、月は望めそうもないので宿舎に帰ると、部屋に入ったところで電話のベルが鳴った。

故郷・青森の兄からだった。つづいて当時、百歳の母の声が、受話器の向こうから聞こえてきた。向こうでも十五夜の月見をしたという。懐かしさでいっぱいになる。

ひとしきり望郷の念にひたったあと、テレビのスイッチを入れる。と、テレビの画面に映ったのは、抗日戦争についてのクイズ番組。

中国で九月は、名月の観賞とともに、戦争の思い出が強烈につきまとう月でもある。ここで私は、詩的な世界から、にわかに現実に引き戻された。

とくに九月十八日は、満州事変発端の柳条湖事件の日だ。この前後、中国では当時を想起させる記念行事や、いろいろな愛国キャンペーンが展開される。このクイズ番組も、一連の行事の一こまだったのだ。

それは二〇〇五年も変わらない。それどころか、戦後六十周年、すなわち抗日戦争勝利六十周年とあって、九月に限らず、大々的記念行事が行なわれた。そのうえ、春先からの北京、上海の反日行動。駐在する日本人の胆を冷やすような出来事があいついだ。

こうした時節にもめげず、林さんは月餅を送ってくれたのである。添えられた手紙で、中国国内の雰囲気をつぎのように伝えていた。

「私は八月十一日から九月八日まで帰国しました。そしてポスト反日デモ時代の、国内の雰囲気を実感できました。ちょうど対日戦争勝利六十周年活動の最中なので、ニュースもドラマも映画もこの内容の作品ばかりです。毎日、抗日の宣伝をして、また日中友好を語るとは、たいへんな皮肉でしょう。

こんな状態になった原因は、中国も日本も、完全に侵略軍と日本人を分けられないことにあると思います。これと比べてドイツは、国際社会でも、ナチスとドイツ国民に分けられています。北京はまだいいほうですけど、友だちの話によると、東北地方の対日認識は、非常にきついそうです」

日清戦争に端を発する百十年前の怨念

日本は平成の世というのに、中国人が抱く百十年前の日清戦争《にっしんせんそう》の怨念の深さに私は驚いた。二〇〇四年、日中のサッカー騒動と前後して、私のところに日中関係の前途多難を思わせる一つのシグナルが送られてきた。七月のある日、来日してまもない教え子の唐衛平君から電話がかかってきた。

「日本の新聞、テレビはなぜ日清戦争のことを取り上げないのですか。今年は甲午戦争《チアウチャンチョン》（日清戦争のことを中国ではこういう）の百十周年ではありませんか。この戦争は、日本が中国に勝った戦争だから、問題にしないのですか。日本のメディアは、日本が中国に勝った戦争のことは、いつもこうなのですか」

電話の主はいきりたってまくしたてる。

一八九四年（明治二十七年）七月二十五日、日清両国の軍艦が、朝鮮の牙山《がざん》港外の豊島《としま》沖で衝突、ここに日清戦争がはじまった。そして、その十年後の一九〇四年には、日本が国運をかけて大国ロシアと戦った日露《にちろ》戦争がはじまっている。

つまり、二〇〇四年は日清戦争百十周年、同時に日露戦争百周年だったわけだ。日露戦争の百周年については新聞でも取り上げられていたが、日清戦争百十周年のことは、新聞、テレビはどこも取り上げていなかった。

そのことを、この中国の青年は問題にして、かみついてきたのである。彼は七月二十五日前後の新聞、テレビを、目を皿のようにして注目した。しかし、これっぽっちも取り上げていないというのだ。

この電話があった数日後、都内のある会合で会った中国問題を重視する私立大学の学長にこの話をした。するとこの学長は、

「そうですか、私も日露戦争百周年の記事は見かけましたが、日清戦争の百十周年の記事は気づきませんでした。そうですか、中国の青年が問題にしていたのですか……」

としきりに考えこんでいた。

唐君がこれほどいきりたっていたのは、中国近代史の中で、日清戦争が特別に大きな意義をもつ戦争だからだ。つまり、アジアの大国・中国が、後進国と目していた日本から侵略された最初の戦争だというのだ。

日清戦争については、中国の歴史教科書にも大きく取り上げられている。戦いに敗れた清朝政

府は、台湾を割譲し、賠償金二億両《テール》（清朝の当時の国庫収入三年分に相当）の支払いを認めさせられた。そして、この戦争の敗戦によって、帝国主義列強の中国侵略が加速、中国の半植民地化が進んだと、怒りをもって叙述されている。

このように重大な歴史的記念日を、なぜ日本は反省もせず、無視するのか、ということのようだ。これは、中国がことあるごとに声高に唱える、いわゆる「歴史認識」の一例でもある。

よく日本人の民族性は、熱しやすく、冷めやすいといわれるが、私はかねがね、中国人は熱しやすく、冷めにくい民族であり、また、じつに持続力のある民族だと思っている。電話で日清戦争百十周年のことを聞かされたとき、改めてそれを実感した。

二〇〇四年から二〇〇五年にかけ、サッカー騒動やデモ騒ぎなど、北京、上海の大都市はじめ各地で反日行動があいついだが、個々のできごとの当否はべつにして、二〇〇五年が戦後六十年の節目に当たることを考えれば、中国人の民族性からいって、なにかあれば火がつくことは予測されたのではないだろうか。

また、中国のこのところの日本への反発は、民族性に根ざし、具体的には日清戦争に端を発しているのではないかという見方もある。屈辱の歴史のはじまりとして。そうだとすれば、その根は深く、解決はなかなか容易ではない。

こうしてみると、それぞれの国が重要視していることを察知し、相手の痛みを思いやることがいかに大切かを思い知らされる。その点、唐君からかかってきた日清戦争にまつわる電話は、じつに重要なことを示唆してくれたといえる。

戦前のイメージからの誤解――日本は男尊女卑の国か？

二〇〇五年五月二十一日、都内で開催された中国問題についての公開講座に出席。いちばん前の席で聴いていて、十分間の休憩に入ったとき、ふと右隣の少し離れたほうに、人の気配を感じて振り向いた。

「先生」

北京大学の教え子、田燕《てんえん》さんがほほえみながら近よってきた。一年ぶりだ。思いがけなかった。田さんは、昔、日本語を教わった母親の恩師に誘われて出席したという。

講話が終わって、三人でいっしょに同じビルの喫茶店で、ケーキとコーヒーをとりながら、しばらく近況を語り合った。

歓談がすんで支払いをしようと伝票に手をのばしかけたとき、田さんがさっとその伝票を取った。そして言った。

「今日は私に払わせてください。初月給ですから」

北京大学卒業後、いったん会社勤めのあと、東大の大学院で学んでいた田さんは、この春卒業して、都内の会社に就職。この日は、初月給をもらったばかりなのだという。結局、年寄り二人は同意した。

支払いをすませた彼女は言う。

「こんなささやかで、かえって失礼だと思います。この次はもっとちゃんとした料理でお礼しますから」

とんでもない。その心遣い、温かさにぐっときた。教師冥利に尽きようというものだ。

その晩、田さんから電話がかかってきた。

「今日はあわただしくて失礼しました。もっとお話ししたかったのですが」

それから、昨今の日中のことに話がおよんだ。そのとき聞いた田さんの嘆きに、ちょっとしたショックを受けた。

それは、日本と日本人のことが、まだ中国人にはよく理解されていないということだ。その一つとして、日本をいまだに男尊女卑の国だと思っている人が少なくないという。戦後六十年たった今日でもかなり根強く、戦前の日本人についてのイメージがそのまま残っているらしい。

これについて、田さんはそのつど、日本についての誤解を解いてもらおうと、必死になって汗をかく場面がしばしばあるという。

そういう彼女たちの努力が、心ない一部の日本人の言動のせいでついえることがないよう、私たちがきちんとサポートする必要があると痛感した。

日中のこれからを暗示する?——中国留学生の和服姿の卒業式

二〇〇六年春、また一人、頼もしい日中の懸け橋となる中国の若い友人が、日本の最新知識を満載して北京に巣立っていった。北京大学の教え子で、慶応大学の大学院修士課程をめでたく修了した林蕾《りんれい》さん。

卒業式には、北京から呼んだご両親も出席したという。林さんの日本留学生活は二年半。その道のりは、けっして平坦なものではなかった。彼女はたいへんな努力家で、北京大学時代、寮の消灯後は、トイレの電灯の下で勉強していたという伝説の持ち主である。

自費留学の林さんにとって、学生生活は容易ではなかったはずだが、だれからも愛される明い性格は、そういうことを微塵も感じさせない。そして、若さにあふれ、ウイットに富んだ言動には、思わずほほえまされることがたびたびで、彼女からの便りはとても楽しみだった。

中国の反日暴動が渦巻いた二〇〇五年、あの憂鬱《ゆううつ》な毎日にうんざりしていた私は、彼女のユーモアあふれる贈り物に、思わず破顔一笑した。私には初めてのバレンタインデーのチョコレートが送られてきたのだ。それは二〇〇六年もつづいた。

そして、今度はさらにうれしい卒業の報告である。その便りには、彼女の写真が同封されていた。そこには、日中の暗雲にもびくともしない、淡いピンクの振り袖に袴をつけた和服姿で、にっこりほほえむ若い中国女性の卒業式の晴れ姿があった。日中友好のこれからを思わせるかのような。

二〇〇七年の春告げ鳥──「忘年交《ワンネンチャオ》」はこれからも変わらず

二〇〇六年の暮れから二〇〇七年の正月にかけて、教え子たちからのうれしい年賀状が、ぞくぞくと寄せられた。北京、上海はもとより、ロンドン、ニューヨーク、そして東京、川崎、神戸、豊橋の各地から。まさに春告げ鳥だ。

いちばん早かったのは、ロンドンからの年賀状。北京大学卒業後、シンガポール大学の修士課程に進んだ丁郁さんからだ。今度、ロンドン大学の、ロイヤル・ホロウェイ学院の博士課程に進学したという。

「すごく静かなところです。勉強にはいいところだと思いますが、ときどき、寂しいなあと感じます。現在、経営学院で、人力資源管理という課目を研究しています。来年は研究のため、日本へ行くチャンスがあるかもしれません。先生がたに会いたいなあと思っています」

そして、賀状の半面いっぱいに、幼い子どもの手になる似顔絵が描かれ、「娘のいたずらでした」と、ほほえましい母親像をのぞかせている。再会の日が待ち遠しい。

元旦に着いた年賀状のうち、もっとも大きかったのが、北京大学在学中、クラスの班長を務めた劉栄君からの年賀状。例の「ピエール・カルダン」ブランドの電気スタンドが故障して困っていたとき、その返品・交換で活躍してくれた友情の主だ。

卒業後は上海の大手物流会社で活躍していた。アメリカ勤務になるということで、その後の消息を待ち望んでいた。

その劉君からの年賀状は、ニューヨークからの封筒入りだ。封筒を開けてびっくりする。目に飛び込んできたのは、映画シーンもどきのカップルの写真だ。

「東京は寒いですか。今年のニューヨークはとても温暖です。アメリカにきて、もう半年になりました。家内は十月末にきました。これからは二人でいっしょに生活を楽しみ、またがんばろうと思います。今年は会社のクリスマス・パーティーに参加しました。上の写真を楽しんでください」

劉君は、一年目は妻の、二年目は私の教え子だった。私たちは美しい伴侶とほほえむ、野性味豊かだった劉君のすっかり洗練されたスマートな姿の写真に見入りながら、彼らの幸せを心から祝福した。教え子たちは私たちをこの上なく喜ばせてくれる。

バレンタインデーのチョコレートで私を喜ばせてくれた林蕾さん。卒業式は和服姿だった北京出身の彼女の二〇〇七年の年賀状は、上海からだ。中国伝統の吉祥を祝う年画《ニェンホア》（正月用の画）の絵はがきには、こうある。

「お元気でいらっしゃいますか。私はいま、上海で元気にやっています。昨年はいろいろお世話になり、ありがとうございました。今年もどうぞよろしくお願いいたします。（まだ独身です……）」

最後のかっこの文が、いかにもユーモラスな林さんらしい。彼女からの上海便りが楽しみだ。

日本に留学していた教え子のかなりは帰国したが、まだまだ健在。二〇〇四年は、彼女に似た愛らしい朱色の大きないのししが描かれ、

「二〇〇七年は平和の年でありますように！」

と書かれている。そして、

「二〇〇六年は出張でほとんど東京にいなかったので、ご挨拶できなく、たいへん失礼しました。今年は仕事のほうが落ち着いたら、ひさびさに先生に顔を見せようと思います。暖冬のせいで、ウイルスがさかんです。どうか風邪を引かないように！」

心遣いをみせている。

初月給でご馳走してくれた田燕さんからは、千代紙を張り合わせてつくった、きれいな年賀状がとどいた。

論客・趙暁范君からは、大きな年賀状がとどいた。

「これから博士論文の作成に入ります。三月には引っ越すことになりますので、できれば一度先生にお会いしたいと思います」

趙君は会ったときも、また手紙や電話でも、卓越した所見を開陳してくれる頼もしい教え子の一人だが、彼は手紙をくれるときは、必ず氏名の上に「学生」と書いて、「学生趙」と署名。いまだに教え子をもって任じている。これを見るにつけ、そのつど私は恐縮することしきりだ。

神戸の李丹さんからはにぎやかな年賀状がきた。自慢のわが子を見せたいと東京に立ち寄って

くれた李さん一家と会ったのは二〇〇二年二月だった。「東京見物より皇居が見たい」という彼女の希望で、雪の中、よちよち歩きの子どもをつれた一家と皇居の大手門に足を運んだのは粉雪が舞う五年前の寒い日だった。

今年の年賀状には、大きくなったその長男、さらに生まれた次男の元気な顔が増えていた。

北京で、日本語教育に専念している陳雪梅さんの年賀状は、愛知県豊橋からだった。

「私はいま、愛知大学で研修しています。こちらでは、授業や活動が多く、また論文作成があるので東京方面へ行く機会がなかなか見つからず、お宅におうかがいすることができなくて、残念に思います。いままで先生からいただいた年賀状を大切にしております。毎年の年賀状を見て、先生といっしょに過ごした日々を懐かしく思います」

と北京時代をしのんでいる。

いまに変わらぬやさしい彼女の心根に、いつも感激する。

これらの年賀状の主は、いずれもわが家に二度、三度と顔を見せている。教室で顔を合わせていたのは十数年前のことになる。それぞれ立派に成長して、世界各地から、このような便りを寄せてくれる。

無意識のうちにも日中に懸ける彼らの思いは、妻に、夫に、さらに子どもへと、伝わることだろう。日中の枠を超えて。それに、私たち夫婦は夢を託している。

日本に留学していた多くの教え子たちは帰国したり、さらに外国に羽ばたいていったりで、東京在住は少なくなったが、教え子たちとは、こうして手紙や電話が結んでくれている。

私の忘年交は、これからも変わりないと確信した。

安倍訪中は危ない賭け⁉――信頼関係なき話し合いは言い合いに

「安倍訪中は非常に危ない賭けです」

二〇〇七年一月中旬、教え子の趙君から電話が入った。暮れに北京に帰省したという。最新の北京情勢をふまえての日中論議は、彼のこの第一声からはじまった。

「安倍首相の訪中自体はいい決断でした。首相就任後、最初の外国訪問先として、中国を選んだのは、点数稼ぎの面があったとしても感謝します。しかし、素直には喜べません」

と一応評価したうえでの発言だ。以下は趙君の見解だ。

〈靖国はたいして問題にするほどのことはなかった。しかしいまとなっては、避けて通れなくなった。安倍首相は、首相になる前、こっそり参拝して、それをあいまいにしている。今後は参拝しないという暗黙の了解が、日中間にあったのかどうかはわからないが、これからどちらを選んでも、参拝賛成者からも、参拝反対派からも非難の声があがるだろう。

一方、中国でも、各メディアが安倍首相の過去について詳しく紹介している。領土、資源、靖国、なにひとつ解決したわけではなく、依然として火種を抱えたままなのだ。いまは持説を封印し、あいまいな戦術をとってうまくいってるみたいだが、逆になる可能性もある。そうなるとたいへんだ。

安倍訪中は評価するが、すなおには喜べない。というのは、これからどうなるかわからないからだ。中国から見て、日本のアジア政策、対中国政策が、もうひとつはっきりしない。日本には長期ビジョンがない。胡錦濤体制は二期で、あと五年はつづく。しかし日本は、はたしてどうか。いまは安倍でも五年はどうか。不安感がぬぐえず、中国は安心してつきあっていけない。

二〇〇七年は国交正常化三十五周年であるとともに、日中戦争の発端となった盧溝橋事件七十周年でもある。一月十四日、温家宝首相はフィリピン・セブ島で行なわれた安倍首相との会談で、「歴史問題を適切に処理したい」と強調、歴史問題に言及した。中国の歴史問題に対する態度に変わりないことを示したもので、安倍政権への不安感を持ちながら対日政策を進めている。賭けというわけだ。

日中の学者、専門家による歴史問題の共同討議はおおいにけっこうで、日本のことを知っている中国人はかなり多い。しかし、信頼関係のない話し合いでは、言い合いになるだけだ。

二〇〇五年のような反日デモはもう起こらないだろう。起こっても局地的なもので、一般は無関心だ。ただ、日本人は傲慢だというイメージが固定化される。やっかいである。たとえば、日本の保守派の大半は、過去の中国侵略を認めていない。これは中国人のプライドをたいへん傷つけている。日本が中国を侵略したことがあるという史実。これだけは譲れない最低ラインだ。これを否定されることは許されない。そうでないと、中日関係は進まない。〉

ムードやブームに左右されない中国の若い人たちとの絆を

趙君の日中関係を語る論旨は明快だ。表面上は快調なすべりだしをみせた安倍政権のアジア外交だが、これに対し、趙君は手放しの楽観をしていない。

これは、私が抱く一抹の危惧とも通じるものがある。この危惧が杞憂《きゆう》に終われば、日中にとってこの上ない喜ばしいことだ。しかし、その保証はない。

四月の温家宝首相の訪日、国交正常化三十五周年などで、数々の記念行事も行なわれている。

二〇〇七年は、春からちょっとした中国ブームに沸いている。しかし、私には苦い思い出がある。

一九九二年秋、北京は中日国交正常化二十周年を迎えて、慶祝行事に沸いていた。日中民間団体の慶祝パレードが北京の目抜き通りを行進、沿道の市民の歓迎を浴び、はては日中市民が路上でいっしょに踊りだすという風景さえ見られた。

そして、十月二十三日、天安門広場に面した人民大会堂前広場で、訪中した天皇の歓迎式典が盛大に行なわれた。このとき北京にいた私は、日中の新しい幕開けと喜んだ。

ところがそれもつかの間、三年後の一九九五年秋、北京を訪れた私は、連日の抗日キャンペーンに直面、あまりの対日感情の悪化に、ただただあぜんとするばかりだった。そして、一九九七年の国交正常化二十五周年は、反日感情の中で迎えた。

その後の日中関係は悪化の一途をたどり、ブームのはかなさを実感したものだ。

今度はあのときと同じ轍《てつ》を踏んではならない。それには一時のムードやブームに左右されない、しっかりした信頼関係を築くことが肝要だ。

私は、中国の若い人との絆を大切にしている。今後、その重要性はさらに増すだろう。趙君の日中論を聞きながら、その感をいっそう強くした。

終章　反日と友好の深層

中国人はけっして反日一色ではない

二〇〇五年（平成十七年）春からつづいた中国各地での反日騒動に、日本中が愕然《がくぜん》とした。新聞、テレビに繰り返し報道されるそのすさまじさに、日本中が凍りついた。

二〇〇六年に入っても、十月の安倍訪中まで、その傾向は変わらなかった。

だが、はたして中国人は反日一色なのだろうか。

いま、急ピッチで改革、開放が進んでいる中国だが、まだ言論、出版の自由はない。インターネットでうっぷんを晴らせる、過激な発言もできるといっても、体制批判は容易に封じこまれてしまう。

その点、日本はありがたい。いかなる政府批判も自由だ。だから、国内で自由な発言ができない中国の若者も、日本にくると、ほっとする。そして、ここでならなにを言っても大丈夫ということで、初めてだれはばかることのない、本音をもらす。

憂国の至情がほとばしり、ときには、国内なら危険視されかねない発言すら飛び出し、ぎくりとさせられることがある。まさに百家争鳴《ひゃっかそうめい》（談論風発）そのものだ。

わが家で、こういうことがあった。いまの日本は軍国主義か否かをめぐり、中国エリート学生の意見が、まっぷたつに割れたことが紹介されたのである。論争のきっかけはアメリカ映画『ラストサムライ』。

つまり、武士道とはなにか。武士道はすなわち軍国主義なのかで、激論が展開されたという。そこには、彼らの相反する日本論、中国論がはっきりと示されている。

このような愉快な論争を聞いていると、これまでの日中についての危惧《きぐ》もどこへやらだ。なぜこういうことが可能なのか。ここから、日中の前途についてのなんらかのヒントを見いだせないだろうか。

二〇〇四年正月早々の一月四日。北京大学の教え子たち五人が、わが家に懐かしい顔を見せた。一九九六年の入学生三人と、二年先輩の入学生二人。

一九九六年入学の三人は、当時は〝あいうえお〟のあの字も知らない一年生だった。私の直接の教え子ではないが、やはり北京大学の教壇に立っていた妻が、会話、視聴覚の授業で、手塩にかけたかわいい教え子だ。私もよく教室に顔を出していたし、私たちの宿舎にもたびたび遊びにきていたので、みな顔見知りである。

北京大学卒業後、日本の東京大学、慶応義塾大学、法政大学に留学した三人の大学院生、それに慶応、早稲田の大学院修士課程を修了して日本の大手企業に就職した二人の計五人である。

北京大学では、私たちの宿舎は広く美しいキャンパスの最北端にあった。教室や全寮制の学生寮からは徒歩で三十分ほどの距離だが、自転車を飛ばせば三分から五分とごく近い。彼らはよく訪ねてきた。そして、夜おそくまで語り合ったものだ。

そのときと同様に、わが家ではだれに気兼ねすることなく語り合える気やすさからか、早くも話がはずんだ。

お互いに再会を喜び、近況を語り合いながら、飲むほどに、食うほどに、みんなの口はなめらかになる。談論風発、おおいに盛りあがった。

じつは前年の暮れに、年賀の挨拶にうかがいたいという連絡を受けたとき、私は考えた。教え子の成長を見るのはなによりの楽しみだ。しかし、そのころの日中間はまことに微妙な雲行きだった。二〇〇三年には、日中間にトラブルが相次いでいた。

そして、迎えた二〇〇四年元旦、またもや初詣と称する、小泉首相（当時）の靖国参拝が行なわれた。中韓両国を刺激したのはいうまでもない。

こういう微妙な時期だけに、ひさしぶりに会う楽しみの半面、当時の日中情勢が教え子たちにどういう影響を与えているかが気がかりだった。

しかし、それは杞憂《きゆう》だった。目の前にするのは、完全にキャンパスの再現だ。

手厳しい中国の若者たちの反日言動への批判

意外だったのは、教え子たちが、中国の若者たちの反日言動に浴びせた、鋭い批判の数々だった。

まず、范萍《はんひょう》さんが中国人留学生の日本論について、持論を展開した。范さんは北京大学卒業後、慶応の大学院に留学、修士課程を終えて、日本の大手企業に入社したばかり。

「日本にきていて、日本のことを言うなら、なぜもっと日本語で書かれた日本のものを読んでから発言しないのかしら。これまでのように一方的に詰め込まれた日本論で日本を批判するのは、間違っています。恥ずかしいくらいです。中国人は自分たちのことを、そして日本のことを知ったうえで批判するのでなくては困ります」

これは、同じ中国からの留学生仲間の発言について不満を述べたものだが、范さんの熱のこもった言葉に、ほかのみんなも口々に同意した。まるで日本人の言いたがっているような言葉が、彼らの口からつぎつぎと飛びだす。これが中国人の発言かと、一瞬、耳を疑う。

私は面食らった。そして無性にうれしくなった。これこそ、新しい中国エリートの日本論、そして中国論だ。

そして、話題は、アカデミー賞にノミネートされて評判になった前述の『ラストサムライ』におよんだ。范さんが口火を切った。

「『ラストサムライ』のことで、私、しゃくにさわったことがあるの。あの人、日本のこと、なんにもわかってないわ」

憤然と彼女が話すのは、『ラストサムライ』を見たあとの感想を、早稲田大学に留学している友だちと語り合ったときのことだという。

私はまだ『ラストサムライ』を見ていなかった。そのうちにと思ったものの、映画館に足を運ぶのがおっくうで見逃していた。だから、内容も知らなければ、留学生のあいだで話題になっていたことも知らなかった。当然、その話の輪には入っていけず、傍観しているしかなかった。しかし、それがさいわいした。なまじ彼らの議論に口をはさんでいたら、この中国人同士の貴重なサムライ観、武士道観の聞き役にはなれなかったかもしれない。

『ラストサムライ』からの議論——武士道は軍国主義か

ところで、『ラストサムライ』のあらすじはこうだ。

〈軍事顧問として雇われた南北戦争の勇士、米軍人ネイサン・オールグレーン（トム・クルーズ）は日本の新政府に反逆する、明治天皇の参議・勝元（渡辺謙）一派討伐の戦闘中、捕虜になる。彼らの村で暮らすうちに、武士道に生きるサムライたちに魅了され、いっしょになって新政府軍と闘う〉（二〇〇三年五月二十七日付『日本経済新聞』文化欄）

范さんの舌鋒は鋭く、熱がこもっていた。

「私の友だちが、あれこそ、サムライ即武士道の典型で、軍国主義そのものだと言うのよ。武士道と日本軍国主義を結びつけて言うけど、どうしてああいう見方をするのかしら。もっと日本のものを読んでから言うべきでしょう。口論になったわ。私、まだ、勉強が足りないので、うまく言えなかったけど、あれは軍国主義の宣伝ではないでしょう」

そして、隣の二年先輩の潘俊松《はんしゅんしょう》君のほうをふり向く。

「あの場に潘さんがいたらよかったのに。潘さんのように日本文化についての研究が進んでいる人なら、うまく説明できたでしょう。納得させられなくて、ほんとうに悔しい。あれは軍国主義なんかではないでしょう。友情でしょう」

「そう、あれは友情だよ」

潘君が答える。范さんはつづける。

「でも、日本語やっててよかった。中国はアメリカからずいぶん圧迫されているのに、どうして反米を言わず、反日ばかり言うのでしょう。ユーゴ大使館のときもあの程度でやめて」

一九九九年五月七日、ユーゴスラビアの首都ベオグラードにある中国大使館が、北大西洋条約機構（NATO《ナトー》）による爆撃を受け、死者が出た。これに抗議して、北京の米国大使館や上海の米国総領事館めがけて、数万人を上回る大規模な反米学生デモが行なわれた。范さんの話は、そのときのことを指している。

私は、自分の国の若者の短絡的な考え方を嘆く范さんの言い分に、深く感動した。彼女のような若者が育っていけば、日中関係の明日に希望がもてる。けっしてあきらめることはないと思った。

かつて、私は北京大学でも繰り返し述べていた。

「日本についても、中国についても、先入観にとらわれることなく、自分の目で確かめること。そして、お互いに相手のことをよく理解するように努めてください」

それが着々と実行されていることがうれしかった。彼女たちは、自分で確信してその道を歩んでいる。べつに日中友好を声高に言うことはない。このような地道な歩みが実を結ぶ日がきっとくると思った。

若い中国知識人は「武士道即軍国主義」はやめてほしいと声をあげる

『ラストサムライ』論をもっと聞きたかったが、そのときは時間の関係でできなかった。その後、范さんは手紙で、この日の議論をさらに深める次のような貴重な見解を伝えてくれた。

「私と違う意見をもっている友だちというのは、前年来日して早稲田の大学院の博士課程で学んでいる夫婦の留学生です。これから日本にいる時間が長くなれば、また見解が変わってくるかもしれませんが、夫婦のうち夫のほうは、この映画を現在の日本の政治の動きと関連させてとらえ、いまの日本は右翼勢力が強くなってきていると考えているようです。夫人のほうは、天皇誕生日に靖国神社に行き、頭に白い布（おそらく鉢巻き）を巻いた右翼が演説をしているのを見たらしいのです。日本にきてまだ二ヵ月しかたっていない彼らにとって、たぶん衝撃的な風景だったことでしょう。

私が日本に来たのは夏で、終戦記念日の日には、渋谷でもいろいろ演説などありました。右翼的な発言もある一方、平和を主張する発言もありました。ですから、そこだけを見てすぐに日本の政治傾向に結びつけるのは、少し不十分ではないかしら、と話しました。

しかも、彼らはいちおう日中関係、あるいは日本を研究している学者なのに、日本語ができないことが、私にはとてもおかしく感じられました。ふつうの会話もできないようでした。少なくとも彼らには、日本語の原文の資料を入手するうえでは、かなり障害があるでしょう。

私は、『ラストサムライ』を批評しようとするなら、少なくとも日本の武士道そのものを完全に理解してからの話だと思います。ある日本人の友だちは、あの映画の中に描かれたのは本当の武士道ではないと言っていましたが。

少なくとも、武士道といえばすぐ軍国主義、右翼と結びつける考え方だけはやめてほしいと思います。おそらく彼らは武士道に関する日本語の第一次資料を読んだことはないと思います」

范さんは北京大学の日本語科を卒業後、同大学院で勉強していたが、中国のメディアが伝えてきた日本と、北京大学の先生がたから教えてもらった日本とが違うと思ったため、日本への留学を決めたという。

中国で日本に関する研究をしようと思ったが、日本での生活経験がないために自分の対日認識も甘いものになるかもしれないと考えて、日本で暮らしてみようと思いたったという。

「日本にきてから見ますと、日本は先生がたが教えてくれた日本に近いです。ですから、中国で考えた日本と、実際に来てから見た日本は、あまり変わりありません。とにかく日本は、中国のメディアで宣伝したような右翼的な国ではないし、むしろふつうの国民は戦争嫌いです。やさしい人がたくさんいます」

中国の知識人の、こうまではっきりと日本軍国主義を否定する発言に接したのは初めてだ。新年からの日中をめぐるもやもやが一掃された思いだった。

日本語を理解していない「憤青」(怒れる青年)

次に話題は「憤青」にとぶ。

ここ二、三年よく見られるという。「憤青」とは「憤怒青年」、つまり「怒れる青年」ということ。私にとって初めて耳にする言葉で、興味深かった。

憤青に関する彼らの議論を、次に再現しよう。一部前記したが、潘俊松君は法政大大学院、范萍さんは慶応大大学院から日系企業、林蕾《りんれい》さんは慶応大大学院、田燕《てんえん》さんは東大大学院にいる(当時)。

〈潘　「憤青」とは本能的に行動する青年のことで、多くはインターネットによる二十五歳以下くらいの若者だ。怒るために敵を探して、発散する。二、三年来、反日ブームで目立ってきた。

范　中国は愛国教育や愛国報道がさかんだけど、市民は迷っている。メディアは、日本とのことでも、自分の国のいいことばかり報道しているが、それを信じているわけではない。だれを信じていいのかわからず、混乱している。

潘　ネットで大騒ぎする彼らは、目立ちたがり屋だ。ストレスのはけ口で、反日は政府の弱腰をたたくものだ。

范　ネットには的確な意見は出ず、過激な意見を述べる人が出てくる。たまに良識派の考えが出ても消される。日本叩きは公式に認められている。しかし、良識がある人は、真剣になると、必ず中国の批判になる。だけど、消されてしまう。なにも思想の入ってないのは残す。

潘　「日本死ね」というのも多く、叩くほうが快感を覚えている。先生は反省の上に立っているから話すことがよくわかるが、中国人は反省しない。

范　日本に反発しているのは、ほとんど日本を知らない人だけだ。メディアの報道だけ知って、流されている。

田　常識も知らない。

范　日本研究のコースにいても、武士道のことはわからない。みんなの意見を聞いてほしい。

潘　相手があるんだから、相手の気持ちを考えることが大切だ。

田　まず、言葉の問題、言葉を知ること。

潘　次が国際交流だ。どの国にもみんなそれぞれの事情がある。人はみな謙虚になることが大事だ。いまはただ単に批判するだけ。それでは進展がない。

范　まず、日本語を知ること。よその国の言葉での研究には、みな色がついている。よその国の言葉にだけ頼って、日本語知らないで、日本研究っていえるかしら。『ラストサムライ』をやたらに批判するけど、日本の歴史を日本語で読めないで、なにを言うのかしら。

潘　知恵のない者は恐れない。なにも知らないから言える。西洋人はいつも中国文化を誤解している。知らないので、他人の文化を誤解している。民族思想についても同様だ。学部のとき考えた日本と、いまは違う。高校時代とも。もっと深めたい（潘君は日本の神道に関心をもっている）。

范　日本のレベルはアメリカに劣らない。アメリカは中国をいじめてるのに、中国人は、それには文句を言わないで、日本にだけ言う。なぜ。

潘　アメリカには、直接負けたことがないから言わない。日本には負けたので、負けた相手に対しては言う。

范　反米も極端だ。じゃどうするかというと、なにもしない。ユーゴ大使館のときも、学生は抗議してデモしたが、そのあとすましてアメリカに（留学に）行く。日本でも勉強できるのに、日本には出かけないで。清《しん》代までは日本に来たのに。

潘　それは、「弟」になぐられたからだ。日本は自分より弱かった相手なのに。それで、あんたには言われたくない、あんたに言われるのはがまんできない、という気持ち。プライドというか、それがある。西安の西北大学事件（二〇〇三年十月、西安の西北大学の学園祭で起きた、日本人留学生の寸劇事件をめぐるトラブルをきっかけに発生した反日暴動事件）は、憤青のナショナリズムだ。理性的分析もせずに。

林　（寸劇は）ジョークなんでしょうが、日本の留学生が大勢の前で、なぜあそこでやるのか不思議です。〉

はてしなくつづく彼らの熱い討論に聞き入っているうちに、ふと思った。このような論争が、中国でも自由に行なわれたらどんなにいいことか、と。それは夢というものだろうか。

いや、待てよ……。

急速な経済の発展、インターネットの広がりが、その夢としか思えないものを現実化させないという保証はない。

現にこの中国の若者たちは、このような自由論争、中国批判を展開している。彼らの思考が、良識ある本国の知識層に、なんらかの影響をもたらすことがないだろうか。ここはひとつ、注意深く見守らなくてはなるまい。

キャンパス情勢の警鐘を鳴らしてくれた宿題にかこつけた手紙

二〇〇六年二月三日、上海の若い友人、劉栄《りゅうえい》君から便りがとどいた。

中国はちょうど春節（旧正月）の季節。赤一色の年賀状には、新年の挨拶とともに、次のようなうれしいニュースが書かれていた。

「私にとって今年は、とても変化に富んだ年です。まず三月に結婚します。そして、たぶん年内にはアメリカに転勤になると思います。もう一回、日本に行って、お目にかかりたいと願っています」

そして、とても美しい北京生まれの婚約者と並んだ写真が添えてあった。まさに、「春告げ鳥」だ。

劉君は北京大学卒業後、中国の大手物流会社に入社、上海で勤務している。前年、上海で発生した大規模反日デモ以来、私は劉君のことがとても気になっていた。というのも、昨今の中国では対日感情が悪化し、日本に関係があるというだけで疎外され、苦しい立場におかれることが多いと聞いていたからだ。

だから、この明るい上海便りには、ほっと安堵の胸をなでおろした。

劉君については、忘れられない思い出がある。

一九九六年秋のことだ。当時も日中関係は、教科書、靖国、尖閣《せんかく》諸島などの問題をめぐり、険悪な情勢にあり、中国における反日感情は高まっていた。

北京大学の日語科で高学年の中文日訳（中国語―日本語の翻訳）と作文指導を担当して二年目に入っていた私は、学生の対日感情にそれとなく気を配っていた。しかし、見たところ、北京大学のキャンパスは平穏そのもののようだった。私もやれやれという気分になっていた。

ところが、実際はそうではなかった。キャンパスで学生の対日抗議集会が行なわれ、すんでのところで街頭デモに移るところだったのだ。それを私はまるで知らなかった。

このショッキングなニュースは意外なことから知らされた。

それは、提出された三年生の日本語作文の宿題に目を通していたときのことだ。テーマは「よき友」。それぞれに個性のある文章を書いていたが、何人かの作文を読んでいるうちに、一つだけ、出題したテーマと全然関係のない作文が出てきた。

そこにはびっくりするようなニュースが書かれていた。満州事変のきっかけとなった柳条湖《りゅうじょうこ》事件勃発の記念日（九月十八日）の前後に行なわれた北京大学生の対日抗議集会の模様と、日中の険悪化を心配する文章が書かれていた。

この作文（というより、私への警告の手紙）の主が、ほかでもない、劉君だ。彼は作文を通して、キャンパスの情勢に暗い私に警鐘を鳴らしたのである。秋の新学期がはじまって早々のことだった。

中国への想いの原点・思い出の上海

その後、彼はよく私の宿舎を訪れては、夜おそくまで語り合った。そして、後期はクラスの班長として、授業におおいに協力してくれた。

一九九七年に帰国した私たちを追うように、教え子たちが次々と日本にやってきた。十一月、四年生になった劉君も、中国大学生訪日団の一員として来日した。わが家を訪れたいという劉君の希望で、ハードな見学スケジュールの合間をぬって、川崎市西郊のわが家に案内した。

静かなだけがとりえのわが家に顔を見せた劉君は、二年生のときは妻の教え子だっただけに、日本での再会をとても喜んでいた。このあと、銀座の訪日団の集合場所まで送りとどけた。短い再会だった。

まもなく帰国した劉君から、便りがとどいた。

「日本ではいろいろ見学させていただき、有意義な訪日でした。しかし、そのどれよりも先生のお宅にうかがってお話できたのがいちばんうれしく、印象に残りました」

一瞬、ジーンときた。

二〇〇〇年には、劉君が再来日した。今度は勤め先の会社の出張だという。そして、窮屈な日程の中、また時間をやりくりしてわが家に姿を見せてくれた。りっぱな社会人として。なんとも頼もしい教え子だ。

このように、いろいろ懐かしい思い出のある劉君からの、ひさしぶりの上海便り。きたるべき再会は新家庭人となった劉君だ。めまぐるしい変わりようだ。今度ははたしてどんな姿であらわれることか……。

変貌激しい上海。その変わりゆく上海にあって、変わりない友情を育んでいる劉君の便りを前に、私の思いは一気に、七十年の昔にさかのぼる。

上海は私にとって特別の地だ。

首相訪中に想う日中の未来

初めて中国と接した思い出の地、上海。私の青春は上海にはじまったのだ。

再び昨今に戻ると――。日中が動いた。冷えきっていた日中関係に、ひさびさに明るいきざしが見えてきた。

二〇〇六年十月八日、安倍晋三首相は首相就任後の最初の外国訪問として中国を訪れ、北京の人民大会堂で胡錦濤《こきんとう》国家主席、温家宝《おんかほう》首相、呉邦国《ごほうこく》全国人民代表大会常務委員長（国会議長に相当）と相次いで会談。小泉純一郎前首相の靖国参拝問題のため、前年からとだえていた日中首脳会談が、一年半ぶりに実現した。

会談では靖国問題で、中国側が「政治的障害を除去してほしい」と参拝の自粛を求めたのに対し、安倍首相は「適切に対処したい」と表明。平行線に終わったが、共通の戦略的利益を共有する「戦略的互恵関係」の構築に合意したほか、首脳の相互訪問、歴史問題の共同研究でも合意した。

これで、靖国問題で日中国交正常化後、最悪といわれた日中関係の不正常な状態に、やっと終止符を打つことができた。

おりから北朝鮮の核問題で緊迫した情勢が発生したことも追い風となって、まさに日中は様変わりの様相を見せている。この五年間、こじれにこじれた日中の前途にも、ようやく明るい日差しがきざした思いがする。

しかし混迷をきわめていた日本のアジア外交が、軌道に復したと手放しで喜んでいいのだろうか。反日、嫌中で冷えきっていた日中両国の国民感情が、すんなりと雪解けを迎えるとみていいのだろうか。

二〇〇六年十二月、内閣府が発表した「外交に関する世論調査」では、「日中関係が良好だと思う」は、前年より二ポイント増えたものの、依然として二一・七パーセントという低レベルにある。

日中の前途には、いくつもの障害がひかえている。靖国をふくむ歴史問題にしろ、尖閣諸島をめぐる領土、領海問題、東シナ海のガス田をふくむ海底資源問題、日本の国連安保理常任理事国入りなど、未解決の難問がいくつも横たわっている。

現に、靖国問題については、首脳会談では、胡錦濤国家主席、温家宝首相からクギを刺されている。靖国参拝について、安倍首相は明言を避けるあいまい戦術できりぬけようとしているが、毎年、春秋の例大祭や八月十五日の終戦記念日のたびに内外の注目を浴びるのは、避けられないものと思われ、依然として火種を抱えたままだ。

他方、これに先立つ二〇〇六年十月末、東京で、「東京・上海のまちづくり」に関するシンポジウムがあった。

懇親会の席上、中国側代表の一人と時局について意見を交わした。まず、前年の二〇〇五年春、上海で発生した反日暴動について、

「あれは、私たちにも予想外でした。デモ参加者は上海人ではありません。あれは外地からの人です」

そう釈明したあと、安倍訪中について、「今度の安倍はとてもいい。小泉はとても頑固だった」と、安倍路線を歓迎するとともに、小泉政権の対中外交への嫌悪感をあらわにした。ことほどさように、小泉前首相の残したツケが大きいことをうかがわせた。

二〇〇七年は、国交正常化三十五周年という記念すべき年であった。そして、四月には温家宝首相の訪日があるなど、一年を通じて明るい材料が多く、春先からおおいに盛り上がった。反面、懸念材料がないわけではなかった。

この年は同時に、日中戦争の発端となった盧溝橋事件ならびにいわゆる「南京大虐殺」の七十周年という、中国人にとっては、民族感情を刺激する、とても敏感な年でもあった。

このことは、二〇〇七年一月十四日、フィリピン・セブ島で行なわれた日中首脳会談で、温家宝首相からも、「今年は歴史的に敏感な年なので、歴史問題を適切に処理したい」と注意を喚起されていたほどだ。

二〇〇五年の反日暴動にみるまでもなく、日中間には、ともすればナショナリズムが高まる傾向がある。それがいつ、反日、嫌中感情として噴出するかわからない。一時の感情に駆られ、国家百年の計を誤ってはならない。日中両国の国民感情を、相互信頼の基盤にのせる道はないであろうか。

かつて日中間には「黄金の八〇年代」と呼ばれる時期があった。中国の若者が日本のサブカルチャーに酔いしれたのである。『おしん』を初めとする日本の映画やテレビドラマが熱狂的に迎えられた時期があったのである。

そして、現在――。二〇一八年十月に至ったが、尖閣諸島問題はあまり進展せず、相変わらず、中国の漁船が大量に押し寄せたり、そのときどきの政治状況でさまざまに変化する。だが、一方での安倍晋三首相のこのたびの訪中が、日中正常化にとってかならずよい方向にいくことを信じる。

日中友好と、文字に書くのは簡単だ。なんといっても、多くの問題をかかえている。言葉一つをとっても、お互いにとって、相手国の言語はなかなか頭の中に入ってこない。しかし、言葉が理解できなくても、目の表情や体の表現によって、相手を理解できる。

かつて北京大学の外国専家（外国人教授）の寄宿舎で、食事を共にするパーティーが開かれた。皆、言葉が通じない。けれど自分のテーブルの上に、小さな国旗を立てて、身ぶりそぶりで笑いながら話をした。

また、私たちは日本のオハギを作って持っていった。皆よろこんで食べてくれた。

その後、会うたびに、口をモグモグさせて胸をなで、「おいしかった」ということを態度で示してくれた。

ことほどさように、相手に好意をもち、知ろうと思うのであれば、日中間の難問も好転するのではないかと思うのだが。ようするに、まず相手を信ずることだと思う。

中国人は社交的だ。市場などではもちろん、バスの中でも、病院でも、大きな声で話すし、そのままずぐに、気さくに話しかけてくれる。

同じように、知り合った人たちの家々で、中をのぞくと、「お茶でも飲んでいかないか」と言ってくれる。

中国人は心がおおらかでつきあいやすいのだ。この点は日本人も、大いに見習いたいものである。

そして、ひいては政治等々も、そのようにしたいものだ。

繰り返し記しているが、私は戦中派である。歴史問題の標的にされる戦争世代だ。その戦中派の私は、愛国心の強い中国の若者、超エリートの北京大学の学生と世代、年齢を超えた親交がある。

〈はじめに〉にも記したが、なぜ戦中派の私が中国の若者と親交があり、なぜ私の言動が、愛国心に燃える彼らに受け入れられるのか。ここに日中の難局を解くカギが潜んではいまいか。

私は、そのときどきの情勢に左右されたり、両国指導者の言行に一喜一憂したりするよりも、中国の明日を担うこれらの若者に注目し、期待したい。私は中国大陸と、切っても切れない縁がある。われながら不思議なくらいだが。それがあったからこそ、中国の若者との濃密な親交が生まれたといえよう。この中国との縁、それは七十余年の昔、戦前の上海での生活からはじまった。

そして、北京大学の学生に洗いざらい話して感動された、私の戦時中の体験抜きでは語れない。学生時代、私は一つの事件に見舞われた。上海近郊で抗日テロに襲われ、瀕死の重傷を負った。一九四一年（昭和十六年）十二月五日、太平洋戦争勃発三日前のことである。しかし、私はどうしても、血まみれになって横たわった中国の大地が忘れられない。

そして、戦後、再び大陸に渡ったことから、中国の若者とのふれあいがはじまった。さらに、一九九五年九月から九七年八月までの二年間、北京大学の教壇に立ったことから、中国の超エリートたちとの世代を超えた交友、「忘年交《ワンネンチャオ》」が最高潮に達した。

全寮制の彼らは、毎日のように、キャンパス内の私の宿舎を訪れた。それは私の帰国後も、絶えることなくつづいている。

彼らは歯に衣着せぬ対日批判を浴びせる。容赦ない中国批判も飛びかう。この中国の若者とのつながりが、なんらかのヒントになりはすまいか。

不遜のそしりは免れないが、戦中派の私は、「忘年交」こそ、日中の破局を救うカギではないかと考えている。そしてそれが、日中の若者同士のあいだに引き継がれることを祈る。

はるかに世代の離れた私たちのあいだで可能だったことが、同じ世代の日中の若者のあいだで、できないはずはない。それを願って本書の筆を執った。戦中派として伝えておかなければならない数々のことや、その私を否定しなかった中国の超エリートたちに話したあれこれ。そして、いまにつづいている彼らとの物語をつづったのである。

著者略歴

一九二二年、青森県弘前市に生まれる。三九年、上海東亜同文書院大学に入学、四四年に同大学を卒業し、満鉄(南満州鉄道)の社員として敗戦を迎え、関東軍の無様な最後を見届ける。四六年に帰国し、東京タイムズ社に入社して編集局、総務局、出版局勤務を経て、教育出版社「文泉」設立に参加。八四年~九〇年まで七年間、北京で人民中国雑誌社、中国画報社の外国人文教専家として翻訳、改稿、取材執筆活動をする。八六年より中国共産党の党機関である中央編訳局の専家として中国指導者の語録の翻訳や、全国人民代表大会で行われる「政府工作報告(政府活動報告)」「国家予算執行状況と国家予算草案」の翻訳、校訂に当たる。この間、八九年六月、天安門事件を目撃体験。さらに、九五年、七三歳のとき、北京大学で文教専家として二年間、教壇に立ち、中国の超エリートの学生たちに日本語の翻訳・作文の講義を担当する。

著書には『北京大学　超エリートたちの日本論——衝撃の「歴史認識」』(講談社+α新書)がある。

日中七〇年《にっちゅうななじゅうねん》 戦争《せんそう》と反日《はんにち》・友好《ゆうこう》
——戦前《せんぜん》・戦中《せんちゅう》・戦後《せんご》の体験史《たいけんし》

二〇一八年一二月七日　第一刷発行

著者　工藤俊一《くどうとしいち》
発行者　古屋信吾
発行所　株式会社さくら舎　http://www.sakurasha.com
東京都千代田区富士見一-二-一一　〒一〇二-〇〇七一
電話　営業　〇三-五二一一-六五三三　FAX　〇三-五二一一-六四八一
編集　〇三-五二一一-六四八〇
振替　〇〇一九〇-八-四〇二〇六〇

装丁　石間　淳
カバー写真　著者
印刷・製本　中央精版印刷株式会社

ISBN978-4-86581-176-6

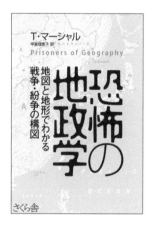